100 receitas de
PATISSERIA

PÃES, TORTAS, DOCES & SALGADOS

Livros do autor na Coleção **L&PM** Pocket:

100 receitas de carnes
100 receitas de macarrão
160 receitas de molhos
Cozinha Clássica
Honra ou Vendetta

Sílvio Lancellotti

100 receitas de PATISSERIA

PÃES, TORTAS, DOCES & SALGADOS

L&PM POCKET
GASTRONOMIA

Coleção **L&PM** Pocket, vol. 525

Primeira edição na Coleção **L&PM** POCKET: abril de 2005
Esta reimpressão: setembro de 2009

Capa: L&PM Editores
Revisão: Renato Deitos

ISBN 978-85-254-1509-7

L247c Lancellotti, Sílvio
100 receitas de patisseria / Sílvio Lancellotti.
– Porto Alegre: L&PM, 2009.
160 p. ; 18 cm – (Coleção L&PM Pocket)

1. Gastronomia-Receitas-Patisseria. I. Título.
II. Série

CDU 641.55(083.12)

Catalogação elaborada por Izabel A. Merlo CRB10/329

Rua Comendador Coruja 314, loja 9 – Floresta – 90.220-180
Porto Alegre – RS – Brasil / Fone: 51.3225.5777

Pedidos & Depto. Comercial: vendas@lpm.com.br
Fale conosco: info@lpm.com.br
www.lpm.com.br

Impresso no Brasil
Primavera de 2009

Sumário

Basicamente, todas as receitas que criei para este livro se adequam a qualquer gênero de fôrma – daquelas mais simples, de alumínio, às mais modernas, de aço inox, de vidro refratário ou de silicone. Ao realizar as minhas alquimias, use a sua fantasia, use a sua imaginação – mas, principalmente, recorra ao seu bom senso. As receitas de pão, por exemplo, exigem moldes apropriados. Ou você poderá esculpir o pão à sua moda e perpetrá-lo numa assadeira comum. Teste, sem medo de errar. A gastronomia, afinal, tem dois professores fundamentais: o Dr. Equívoco e a Dra. Nova Tentativa.

Em minha casa, às vezes, eu faço o pão numa fôrma de pudim, e vice-versa.

Desfrute. Bom proveito. E não se esqueça: sempre que for o caso, ou que houver necessidade, adapte, engenhosamente e proporcionalmente, à fôrma que possuir e/ou selecionar, e/ou preferir, os ingredientes e os volumes das minhas sugestões.

SL

PÃES

Pão básico

Ingredientes:

2 tabletes de fermento
½ xícara, de chá, de água morna
1 e ½ colher, de sopa, de açúcar
¼ de xícara, de chá, de óleo de milho
1 ovo, inteiro
1 colher, de chá, de sal
250g de farinha de trigo
Mais ½ xícara, de chá, de água fria
A farinha de trigo suficiente

Modo de fazer:

Numa vasilha de tamanho apropriado, colocar o fermento. Banhar com a água morna. Despejar o açúcar. Cobrir. Esperar cerca de dez minutos, até que o fermento desperte e comece a se desmanchar. Agregar o óleo de milho, o ovo, o sal e os 250g de farinha. Misturar muito bem. Cobrir. Esperar até que a pasta dobre de volume. Daí, acrescentar a água fria e, aos poucos, despejar mais farinha, sovando a massa, até que ela se solte das mãos. Colocar a massa na fôrma. Descansar, até que dobre de tamanho. Levar ao forno bem forte, até que a crosta do pão se mostre bem douradinha e bem crocante.

Pão de mozzarella

Ingredientes:

2 tabletes de fermento
½ xícara, de chá, de água morna
1 e ½ colher, de sopa, de açúcar
¼ de xícara, de chá, de óleo de milho
1 ovo, inteiro
1 colher, de chá, de sal
175g de farinha de trigo
75g de mozzarella, ralada
Mais ½ xícara, de chá, de água fria
A farinha de trigo suficiente

Modo de fazer:

Numa vasilha de tamanho apropriado, colocar o fermento. Banhar com a água morna. Despejar o açúcar. Cobrir. Esperar cerca de dez minutos, até que o fermento desperte e comece a se desmanchar. Agregar o óleo de milho, o ovo, o sal, os 175g de farinha e a mozzarella. Misturar bem. Cobrir. Esperar até que dobre de volume. Daí, acrescentar a água fria e, aos poucos, despejar mais farinha, sovando a massa, até que ela se solte das mãos. Colocar a massa na fôrma. Descansar, até que dobre de tamanho. Levar ao forno bem forte, até que a crosta do pão se mostre bem douradinha e bem crocante.

Pão de provolone

Ingredientes:

2 tabletes de fermento
½ xícara, de chá, de água morna
1 e ½ colher, de sopa, de açúcar
¼ de xícara, de chá, de óleo de milho
1 ovo, inteiro
1 colher, de chá, de sal
150g de farinha de trigo
50g de provolone, ralado
50g de provolone, em dadinhos
Mais ½ xícara, de chá, de água fria
A farinha de trigo suficiente

Modo de fazer:

Numa vasilha de tamanho apropriado, colocar o fermento. Banhar com a água morna. Despejar o açúcar. Cobrir. Esperar cerca de dez minutos, até que o fermento desperte e comece a se desmanchar. Agregar o óleo de milho, o ovo, o sal, os 150g de farinha e o provolone. Misturar bem. Cobrir. Esperar até que dobre de volume. Daí, acrescentar a água fria e, aos poucos, despejar mais farinha, sovando a massa, até que ela se solte das mãos. Colocar a massa na fôrma. Descansar, até que dobre de tamanho. Levar ao forno bem forte, até que a crosta do pão se mostre bem douradinha e bem crocante.

Pão de queijo suíço

Ingredientes:

2 tabletes de fermento
½ xícara, de chá, de água morna
1 e ½ colher, de sopa, de açúcar
¼ de xícara, de chá, de óleo de milho
1 ovo, inteiro
1 colher, de chá, de sal
150g de farinha de trigo
75g de queijo suíço, ralado
50g de queijo suíço, em dadinhos
Mais ½ xícara, de chá, de água fria
A farinha de trigo suficiente

Modo de fazer:

Numa vasilha de tamanho apropriado, colocar o fermento. Banhar com a água morna. Despejar o açúcar. Cobrir. Esperar cerca de dez minutos, até que o fermento desperte e comece a se desmanchar. Agregar o óleo de milho, o ovo, o sal, os 150g de farinha e o queijo suíço. Misturar bem. Cobrir. Esperar até que dobre de volume. Daí, acrescentar a água fria e, aos poucos, despejar mais farinha, sovando a massa, até que ela se solte das mãos. Colocar a massa na fôrma. Descansar, até que dobre de tamanho. Levar ao forno bem forte, até que a crosta do pão se mostre bem douradinha e bem crocante.

Pão de salaminho

Ingredientes:

2 tabletes de fermento
½ xícara, de chá, de água morna
1 e ½ colher, de sopa, de açúcar
¼ de xícara, de chá, de banha de porco
1 ovo, inteiro
1 colher, de chá, de sal
175g de farinha de trigo
75g de salaminho do tipo hamburguês, em dadinhos
Mais ½ xícara, de chá, de água fria
A farinha de trigo suficiente

Modo de fazer:

Numa vasilha de tamanho apropriado, colocar o fermento. Banhar com a água morna. Despejar o açúcar. Cobrir. Esperar cerca de dez minutos, até que o fermento desperte e comece a se desmanchar. Agregar a banha, o ovo, o sal, os 175g de farinha e o salaminho. Misturar. Cobrir. Esperar até que dobre de volume. Daí, acrescentar a água fria e, aos poucos, despejar mais farinha, sovando a massa, até que ela se solte das mãos. Colocar a massa na fôrma. Descansar, até que dobre de tamanho. Levar ao forno bem forte, até que a crosta do pão se mostre bem douradinha e bem crocante.

Pão de lingüiça

Ingredientes:

2 tabletes de fermento
½ xícara, de chá, de água morna
1 e ½ colher, de sopa, de açúcar
¼ de xícara, de chá, de banha de porco
1 ovo, inteiro
1 colher, de chá, de sal
175g de farinha de trigo
75g de lingüiça calabresa, fatiadinha
Mais ½ xícara, de chá, de água fria
A farinha de trigo suficiente

Modo de fazer:

Numa vasilha de tamanho apropriado, colocar o fermento. Banhar com a água morna. Despejar o açúcar. Cobrir. Esperar cerca de dez minutos, até que o fermento desperte e comece a se desmanchar. Agregar a banha, o ovo, o sal, os 175g de farinha e a calabresa. Misturar muito bem. Cobrir. Esperar até que dobre de volume. Daí, acrescentar a água fria e, aos poucos, despejar mais farinha, sovando a massa, até que ela se solte das mãos. Colocar a massa na fôrma. Descansar, até que dobre de tamanho. Levar ao forno bem forte, até que a crosta do pão se mostre bem douradinha e bem crocante.

Pão tòrtano

Ingredientes:

2 tabletes de fermento
½ xícara, de chá, de água morna
1 e ½ colher, de sopa, de açúcar
¼ de xícara, de chá, de banha de porco
1 ovo, inteiro
1 colher, de chá, de sal
150g de farinha de trigo
50g de lingüiça calabresa, fatiadinha
25g de mozzarella, ralada
Mais ½ xícara, de chá, de água fria
A farinha de trigo suficiente

Modo de fazer:

Numa vasilha de tamanho apropriado, colocar o fermento. Banhar com a água morna. Despejar o açúcar. Cobrir. Esperar cerca de dez minutos, até que o fermento desperte e comece a se desmanchar. Agregar a banha, o ovo, o sal, os 150g de farinha, a calabresa e a mozzarella. Misturar bem. Cobrir. Esperar até que dobre de volume. Daí, acrescentar a água fria e, aos poucos, mais farinha, sovando a massa, até que ela se solte das mãos. Colocar a massa na fôrma. Descansar, até que a massa dobre de tamanho. Levar ao forno bem forte, até que a crosta do pão se mostre bem douradinha e bem crocante.

Pão de orégano

Ingredientes:

2 tabletes de fermento
½ xícara, de chá, de água morna
1 e ½ colher, de sopa, de açúcar
¼ de xícara, de chá, de azeite de oliva
1 ovo, inteiro
1 colher, de chá, de sal
175g de farinha de trigo
75g de parmesão, finamente ralado
2 colheres, de sopa, de orégano
Mais ½ xícara, de chá, de água fria
A farinha de trigo suficiente

Modo de fazer:

Numa vasilha de tamanho apropriado, colocar o fermento. Banhar com a água morna. Despejar o açúcar. Cobrir. Esperar cerca de dez minutos, até que o fermento desperte e comece a se desmanchar. Agregar o azeite, o ovo, o sal, os 175g de farinha, o parmesão e o orégano. Misturar bem. Cobrir. Esperar até que dobre de volume. Daí, acrescentar a água fria e, aos poucos, mais farinha, sovando a massa, até que ela se solte das mãos. Colocar a massa na fôrma. Descansar, até que a massa dobre de tamanho. Levar ao forno bem forte, até que a crosta do pão se mostre bem douradinha e bem crocante.

Pão de erva-doce

Ingredientes:

2 tabletes de fermento
½ xícara, de chá, de água morna
1 e ½ colher, de sopa, de açúcar
¼ de xícara, de chá, de azeite de oliva
1 ovo, inteiro
1 colher, de chá, de sal
250g de farinha de trigo
4 colheres, de sopa, rasas, de sementinhas de erva-doce
Mais ½ xícara, de chá, de água fria
A farinha de trigo suficiente

Modo de fazer:

Numa vasilha de tamanho apropriado, colocar o fermento. Banhar com a água morna. Despejar o açúcar. Cobrir. Esperar cerca de dez minutos, até que o fermento desperte e comece a se desmanchar. Agregar o azeite, o ovo, o sal, os 250g de farinha e a erva-doce. Misturar muito bem. Cobrir. Esperar até que dobre de volume. Daí, acrescentar a água fria e, aos poucos, mais farinha, sovando a massa, até que ela se solte das mãos. Colocar a massa na fôrma. Descansar, até que a massa dobre de tamanho. Levar ao forno bem forte, até que a crosta do pão se mostre bem douradinha e bem crocante.

Pão de alecrim

Ingredientes:

2 tabletes de fermento
½ xícara, de chá, de água morna
1 e ½ colher, de sopa, de açúcar
¼ de xícara, de chá, de azeite de oliva
1 ovo, inteiro
1 colher, de chá, de sal
250g de farinha de trigo
4 colheres, de sopa, de folhinhas de alecrim
Mais ½ xícara, de chá, de água fria
A farinha de trigo suficiente

Modo de fazer:

Numa vasilha de tamanho apropriado, colocar o fermento. Banhar com a água morna. Despejar o açúcar. Cobrir. Esperar cerca de dez minutos, até que o fermento desperte e comece a se desmanchar. Agregar o azeite, o ovo, o sal, os 250g de farinha e o alecrim. Misturar muito bem. Cobrir. Esperar até que dobre de volume. Daí, acrescentar a água fria e, aos poucos, mais farinha, sovando a massa, até que ela se solte das mãos. Colocar a massa na fôrma. Descansar, até que a massa dobre de tamanho. Levar ao forno bem forte, até que a crosta do pão se mostre bem douradinha e bem crocante.

PÃO DE MANJERICÃO

Ingredientes:

2 tabletes de fermento
½ xícara, de chá, de água morna
1 e ½ colher, de sopa, de açúcar
¼ de xícara, de chá, de azeite de oliva
1 ovo, inteiro
1 colher, de chá, de sal
250g de farinha de trigo
1 xícara, de chá, de folhas frescas de manjericão, já picadinhas
Mais ½ xícara, de chá, de água fria
A farinha de trigo suficiente

Modo de fazer:

Numa vasilha de tamanho apropriado, colocar o fermento. Banhar com a água morna. Despejar o açúcar. Cobrir. Esperar cerca de dez minutos, até que o fermento desperte e comece a se desmanchar. Agregar o azeite, o ovo, o sal, os 250g de farinha e o manjericão. Misturar bem. Cobrir. Esperar até que dobre de volume. Daí, acrescentar a água fria e, aos poucos, mais farinha, sovando a massa, até que ela se solte das mãos. Colocar a massa na fôrma. Descansar, até que a massa dobre de tamanho. Levar ao forno bem forte, até que a crosta do pão se mostre bem douradinha e bem crocante.

Pão de quatro pimentas

Ingredientes:

2 tabletes de fermento
½ xícara, de chá, de água morna
1 e ½ colher, de sopa, de açúcar
¼ de xícara, de chá, de azeite de oliva
1 ovo, inteiro
1 colher, de chá, de sal
250g de farinha de trigo
1 colher, de sopa, rasa, de pimenta-do-reino, moída na hora
1 colher, de sopa, rasa, de pimenta calabresa
1 colher, de sopa, rasa, de pimenta vermelha, dedo de moça, picadinha
1 colher, de sopa, rasa, de grãos de pimenta verde, batidinhos
Mais ½ xícara, de chá, de água fria
A farinha de trigo suficiente

Modo de fazer:

Numa vasilha de tamanho apropriado, colocar o fermento. Banhar com a água morna. Despejar o açúcar. Cobrir. Esperar cerca de dez minutos, até que o fermento desperte e comece a se desmanchar. Agregar o azeite, o ovo, o sal, os 250g de farinha e as pimentas. Misturar bem. Cobrir. Esperar até que dobre de volume.

Daí, acrescentar a água fria e, aos poucos, mais farinha, sovando a massa, até que ela se solte das mãos. Colocar a massa na fôrma. Descansar, até que a massa dobre de tamanho. Levar ao forno bem forte, até que a crosta do pão se mostre bem douradinha e bem crocante.

Pão de azeitonas

Ingredientes:

2 tabletes de fermento
½ xícara, de chá, da água morna
1 e ½ colher, de sopa, de açúcar
¼ de xícara, de chá, de azeite
1 ovo, inteiro
200g de farinha de trigo
50g de azeitonas pretas, sem caroços, cortadas em lasquinhas
Mais ½ xícara, de chá, do líquido de conserva das azeitonas pretas
A farinha de trigo suficiente

Modo de fazer:

Numa vasilha de tamanho apropriado, colocar o fermento. Banhar com a água morna. Despejar o açúcar. Cobrir. Esperar cerca de dez minutos, até que o fermento desperte e comece a se desmanchar. Agregar o azeite, o ovo, os 200g de farinha e as azeitonas pretas em lasquinhas. Misturar muito bem. Cobrir. Esperar até que a pasta dobre de volume. Daí, acrescentar o líquido de conserva das azeitonas e, aos poucos, despejar mais farinha, sovando a massa, até que ela se solte das mãos. Colocar a massa na fôrma. Descansar, até que a massa dobre de tamanho. Levar ao forno bem forte, até que a crosta do pão se mostre bem douradinha e bem crocante.

Pão de tomatinhos secos

Ingredientes:

2 tabletes de fermento
½ xícara, de chá, da água morna
1 e ½ colher, de sopa, de açúcar
¼ de xícara, de chá, de azeite
1 ovo, inteiro
200g de farinha de trigo
50g de tomates secos, cortados em pedaços de 1cm de espessura
2 colheres, de sopa, de polpas de tomates, diluídas em ½ xícara, de chá, de água fria
A farinha de trigo suficiente

Modo de fazer:

Numa vasilha de tamanho apropriado, colocar o fermento. Banhar com a água morna. Despejar o açúcar. Cobrir. Esperar cerca de dez minutos, até que o fermento desperte e comece a se desmanchar. Agregar o azeite, o ovo, os 200g de farinha e os tomates secos, em tiras. Misturar muito bem. Cobrir. Esperar até que a pasta dobre de volume. Daí, acrescentar as polpas de tomates diluídas na água fria e, aos poucos, despejar mais farinha, sovando a massa, até que ela se solte das mãos. Colocar a massa na fôrma. Descansar, até que a massa dobre de tamanho. Levar ao forno bem forte, até que a crosta do pão se mostre bem douradinha e bem crocante.

Pão de batatas

Ingredientes:

2 tabletes de fermento
1 xícara, de chá, de leite morno
1 colher, de sopa, de açúcar
1 xícara, de chá, de purê de batatas
1 colher, de sopa, de sal
1 colher, de sopa, de manteiga sem sal
2 gemas
1 clara
A farinha de trigo suficiente

Modo de fazer:

Num liqüidificador, bater o fermento, o leite morno e o açúcar. Despejar numa vasilha de tamanho apropriado. Agregar o purê, o sal, a manteiga, as gemas e a clara. Misturar muito bem. Daí, aos poucos, despejar a farinha, sovando a massa, até que ela se solte das mãos. Colocar a massa na fôrma. Esperar que a massa dobre de tamanho. Levar ao forno bem forte, até que a crosta do pão se mostre bem douradinha e bem crocante.

Pão de batatas-doces

Ingredientes:

2 tabletes de fermento
1 xícara, de chá, de leite morno
1 colher, de sopa, de açúcar
1 xícara, de chá, de purê de batatas-doces
1 colher, de sopa, de sal
1 colher, de sopa, de manteiga sem sal
2 gemas
1 clara
A farinha de trigo suficiente

Modo de fazer:

Num liqüidificador, bater o fermento, o leite morno e o açúcar. Despejar numa vasilha de tamanho apropriado. Agregar o purê, o sal, a manteiga, as gemas e a clara. Misturar muito bem. Daí, aos poucos, despejar a farinha, sovando a massa, até que ela se solte das mãos. Colocar a massa na fôrma. Esperar que a massa dobre de tamanho. Levar ao forno bem forte, até que a crosta do pão se mostre bem douradinha e bem crocante.

Pão de cará

Ingredientes:

1 tablete de fermento
1 xícara, de chá, de leite morno
Farinha de trigo
Mais ½ litro de leite, frio
2 ovos
1 colher, de sopa, de manteiga, à temperatura ambiente
1 colher, de sopa, de banha de porco
3 colheres, de sopa, de açúcar
1 pitada de sal
1kg de purê de cará, frio

Modo de fazer:

Combinar o fermento, o leite morno e a farinha de trigo necessária à obtenção de uma consistência de mingau. Incorporar o leite frio, os ovos, a manteiga, a banha, o açúcar, o sal e o purê de cará. Misturar e remisturar. Caso necessário, agregar mais farinha, a fim de chegar à textura de massa de pão. Colocar numa das fôrmas grandes ou dividir nas forminhas de muffins. Cobrir com um pano. Guardar em lugar quente, para que a massa cresça, cerca de uma hora. Levar ao forno médio, até que a crosta se mostre crocante.

PÃO DA VÓ SYNÉSIA (I)

Ingredientes:

2 xícaras, de chá, de farinha de trigo, peneirada
1 colher, de sopa, de fermento em pó
1 colher, de sopa, de manteiga, à temperatura ambiente
1 colher, de sobremesa, rasa, de sal
1 xícara, de chá, de leite
Mais manteiga
Fatias de queijo branco, do tipo mineiro
Gemas, para pincelar

Modo de fazer:

Combinar a farinha, o fermento, a manteiga, o sal e o leite. Amassar e reamassar. Abrir, com um rolo, até a espessura de um dedo. Untar a massa com manteiga. Cobrir toda a sua superfície com fatias de queijo branco. Enrolar, como um rocambole. Encaixar na fôrma de pão. Pincelar com as gemas. Assar em forno quente, cerca de 250 graus.

Pão da vó Synésia (II)

Ingredientes:

2 xícaras, de chá, de farinha de trigo, peneirada
1 colher, de sopa, de fermento em pó
1 colher, de sopa, de manteiga, à temperatura ambiente
1 colher, de sobremesa, rasa, de sal
1 xícara, de chá, de leite
Mais manteiga
Fatias de queijo branco, do tipo mineiro
Fatias de presunto cozido, sem gorduras
Gemas, para pincelar

Modo de fazer:

Combinar a farinha, o fermento, a manteiga, o sal e o leite. Amassar e reamassar. Abrir, com um rolo, até a espessura de um dedo. Untar a massa com manteiga. Cobrir toda a sua superfície com o queijo e o presunto. Enrolar, como um rocambole. Encaixar na fôrma normal de pão. Pincelar com as gemas. Assar em forno quente, 250 graus.

Pão da vó Adelaide (I)

Ingredientes:

3 tabletes de fermento
1 e ½ copo de leite morno
1 xícara, de chá, de açúcar
150g de margarina
1 colher, de sopa, de óleo de milho
1 colher, de café, de sal
3 ovos
Farinha de trigo, cerca de 1kg
Mais gemas, para pincelar

Modo de fazer:

Num liqüidificador, bater o fermento, o leite e o açúcar. Deixar que essa mistura cresça. Adicionar a margarina, o óleo, o sal e os ovos. Mexer e remexer. Aos poucos, agregar a farinha. Sovar e sovar, até que a massa se solte das mãos. Colocar numa das fôrmas grandes ou dividir nas forminhas de muffins. Cobrir com um pano. Guardar em lugar quente, para que a massa cresça, cerca de uma hora, no mínimo. Pincelar a superfície com as gemas. Assar em forno de médio para quente, entre 230 e 250 graus.

Pão da vó Adelaide (II)

Ingredientes:

3 tabletes de fermento
1 e ½ copo de leite morno
1 xícara, de chá, de açúcar
150g de margarina
1 colher, de sopa, de óleo de milho
1 colher, de café, de sal
3 ovos
1 xícara, de chá, de uvas-passas, douradas e escuras, sem caroços
Farinha de trigo, cerca de 1kg
Mais gemas, para pincelar

Modo de fazer:

Num liqüidificador, bater o fermento, o leite e o açúcar. Deixar que essa mistura cresça. Adicionar a margarina, o óleo, o sal, os ovos e as passas. Mexer e remexer. Aos poucos, agregar a farinha. Sovar e sovar, até que a massa se solte das mãos. Colocar numa das fôrmas grandes ou dividir nas forminhas de muffins. Cobrir com um pano. Guardar em lugar quente, para que a massa cresça, cerca de uma hora, no mínimo. Pincelar a superfície com as gemas. Assar em forno de médio para quente, entre 230 e 250 graus.

Pão kuken

Ingredientes:

150g de manteiga, à temperatura ambiente
3 xícaras, de chá, de açúcar
1 colher, de sopa, de banha de porco
4 gemas, desmanchadinhas
½ litro de leite
4 xícaras, de chá, de farinha de trigo, peneirada
1 pitada de sal
4 claras, muito bem batidas, ao ponto de neve
1 e ½ colher, de sopa, de fermento em pó
Mais uma colher, de sopa, cheia, de banha de porco
1 pires de farinha de trigo
1 pires de açúcar
Pitadas, a gosto, de canela em pó

Modo de fazer:

Bater, muito bem, a manteiga, o açúcar, a banha e as gemas. Agregar o leite, a farinha e o sal. Misturar e remisturar. Incorporar as claras e o fermento. Remisturar, sem bater. Preparar a cobertura. Derreter a outra colher de banha. Quando estiver bem quente, agregar o restante da farinha de trigo. Misturar e remisturar. Fora do fogo, adicionar o restante do açúcar e a canela. Colocar a massa na fôrma. Cobri-la, ainda crua, com a pasta de banha, farinha, açúcar e canela. Levar ao forno, até que se doure bem.

FLAMOURS, MUFFINS E REGALOS

FLAMOURS DE COCO

Ingredientes:

4 gemas, bem batidinhas
2 claras, superbem batidinhas
8 colheres, de sopa, de açúcar
1 colher, de sopa, bem cheia, de manteiga
5 colheres, de sopa, de farinha de trigo
1 vidro de leite de coco

Modo de fazer:

Combinar as gemas e as claras. Acrescentar o açúcar, a manteiga e a farinha de trigo. Misturar e remisturar. Agregar o leite de coco. Bater, muito bem. Dividir nas forminhas adequadas, de muffins. Levar ao forno, bem forte, preaquecido, até que se dourem.

Muffins básicos

Ingredientes:

½ xícara, de chá, de manteiga, à temperatura ambiente
½ xícara, de chá, de açúcar
3 gemas
3 claras, bem batidinhas
2 xícaras, de chá, de leite
4 xícaras, de chá, de farinha de trigo, peneirada
3 colherinhas, de chá, de fermento em pó
Gotas de essência de baunilha

Modo de fazer:

Incorporar a manteiga e o açúcar, até obter um creme esbranquiçado. Agregar as gemas e, depois, juntar as claras em neve. Bater e rebater. Aos poucos, acrescentar o leite, a farinha peneirada e, enfim, o fermento e a essência. Dividir nas forminhas adequadas, de muffins. Levar ao forno, médio, até que cresçam e se mostrem bem douradinhos.

Muffins de uvas-passas

Ingredientes:

½ xícara, de chá, de manteiga, à temperatura ambiente
½ xícara, de chá, de açúcar
3 gemas
3 claras, bem batidinhas
2 xícaras, de chá, de leite
4 xícaras, de chá, de farinha de trigo, peneirada
2 colherinhas, de chá, de fermento em pó
1 xícara, de chá, de uvas-passas, sem caroços
Gotas de licor Cointreau

Modo de fazer:

Incorporar a manteiga e o açúcar, até obter um creme esbranquiçado. Agregar as gemas e, depois, juntar as claras em neve. Bater e rebater. Aos poucos, acrescentar o leite, a farinha peneirada e o fermento. Incorporar as passas e o licor. Dividir nas forminhas adequadas. Levar ao forno, médio, até que cresçam e se mostrem bem douradinhos.

MUFFINS DE FRUTAS CRISTALIZADAS

Ingredientes:

½ xícara, de chá, de manteiga, à temperatura ambiente
½ xícara, de chá, de açúcar
3 gemas
3 claras, bem batidinhas
2 xícaras, de chá, de leite
4 xícaras, de chá, de farinha de trigo, peneirada
2 colherinhas, de chá, de fermento em pó
1 xícara, de chá, de frutas cristalizadas, picadinhas
Gotas de licor Cointreau

Modo de fazer:

Incorporar a manteiga e o açúcar, até obter um creme esbranquiçado. Agregar as gemas e, depois, juntar as claras em neve. Bater e rebater. Aos poucos, acrescentar o leite, a farinha peneirada e o fermento. Incorporar as frutas e o licor. Dividir nas forminhas adequadas. Levar ao forno, médio, até que cresçam e se mostrem bem douradinhos.

Muffins de amêndoas

Ingredientes:

½ xícara, de chá, de manteiga, à temperatura ambiente
½ xícara, de chá, de açúcar
3 gemas
3 claras, bem batidinhas
2 xícaras, de chá, de leite
4 xícaras, de chá, de farinha de trigo, peneirada
2 colherinhas, de chá, de fermento em pó
1 xícara, de chá, de amêndoas, sem as cascas e sem as peles, picadinhas
Gotas de licor Amaretto

Modo de fazer:

Incorporar a manteiga e o açúcar, até obter um creme esbranquiçado. Agregar as gemas e, depois, juntar as claras em neve. Bater e rebater. Aos poucos, acrescentar o leite, a farinha peneirada e o fermento. Incorporar as amêndoas e o licor. Dividir nas forminhas adequadas. Levar ao forno, médio, até que cresçam e se mostrem bem douradinhos.

Muffins de castanhas-do-pará

Ingredientes:

½ xícara, de chá, de manteiga, à temperatura ambiente
½ xícara, de chá, de açúcar
3 gemas
3 claras, bem batidinhas
2 xícaras, de chá, de leite
4 xícaras, de chá, de farinha de trigo, peneirada
2 colherinhas, de chá, de fermento em pó
1 xícara, de chá, de castanhas-do-pará, sem as cascas e sem as peles, picadinhas
Gotas de licor Amaretto

Modo de fazer:

Incorporar a manteiga e o açúcar, até obter um creme esbranquiçado. Agregar as gemas e, depois, juntar as claras em neve. Bater e rebater. Aos poucos, acrescentar o leite, a farinha peneirada e o fermento. Incorporar as castanhas e o licor. Dividir nas forminhas adequadas. Levar ao forno, médio, até que cresçam e se mostrem bem douradinhos.

Muffins de castanhas-de-caju

Ingredientes:

½ xícara, de chá, de manteiga, à temperatura ambiente
½ xícara, de chá, de açúcar
3 gemas
3 claras, bem batidinhas
2 xícaras, de chá, de leite
4 xícaras, de chá, de farinha de trigo, peneirada
2 colherinhas, de chá, de fermento em pó
1 xícara, de chá, de castanhas-de-caju, torradas, picadinhas
Gotas de cachaça

Modo de fazer:

Incorporar a manteiga e o açúcar, até obter um creme esbranquiçado. Agregar as gemas e, depois, juntar as claras em neve. Bater e rebater. Aos poucos, acrescentar o leite, a farinha peneirada e o fermento. Incorporar as castanhas e a pinga. Dividir nas forminhas adequadas. Levar ao forno, médio, até que cresçam e se mostrem bem douradinhos.

Muffins de avelãs

Ingredientes:

½ xícara, de chá, de manteiga, à temperatura ambiente
½ xícara, de chá, de açúcar
3 gemas
3 claras, bem batidinhas
2 xícaras, de chá, de leite
4 xícaras, de chá, de farinha de trigo, peneirada
2 colherinhas, de chá, de fermento em pó
1 xícara, de chá, de avelãs, sem as cascas e sem as peles, picadinhas
Gotas de licor de avelãs

Modo de fazer:

Incorporar a manteiga e o açúcar, até obter um creme esbranquiçado. Agregar as gemas e, depois, juntar as claras em neve. Bater e rebater. Aos poucos, acrescentar o leite, a farinha peneirada e o fermento. Incorporar as avelãs e o licor. Dividir nas forminhas adequadas. Levar ao forno, médio, até que cresçam e se mostrem bem douradinhos.

Muffins de pão

Ingredientes:

2 xícaras, de chá, de miolo de pão, amanhecido
1 e ¼ de xícara, de chá, de leite
1 xícara, de chá, de farinha de trigo, peneirada
2 colherinhas, de chá, de fermento em pó
2 colheres, de sopa, de gordura vegetal, à temperatura ambiente
3 gemas
3 claras, bem batidinhas
½ colherinha, de chá, de sal

Modo de fazer:

Desmanchar o miolo de pão no leite. Esperar cerca de dez minutos. Incorporar a farinha de trigo e o fermento. Misturar e remisturar. Agregar a gordura, as gemas, as claras e o sal. Misturar e remisturar, muito bem. Despejar nas forminhas adequadas, até o meio. Levar ao forno, quente, até que cresçam e se mostrem bem douradinhos.

MUFFINS DE PÃO E PARMESÃO

Ingredientes:

2 xícaras, de chá, de miolo de pão, amanhecido
1 e ½ xícara, de chá, de leite
1 xícara, de chá, de farinha de trigo, peneirada
2 colherinhas, de chá, de fermento em pó
2 colheres, de sopa, de gordura vegetal, à temperatura ambiente
3 gemas
3 claras, bem batidinhas
4 colheres, de sopa, cheias, de parmesão raladinho

Modo de fazer:

Desmanchar o miolo de pão no leite. Esperar cerca de dez minutos. Incorporar a farinha de trigo e o fermento. Misturar e remisturar. Agregar a gordura, as gemas, as claras e o parmesão. Misturar e remisturar, muito bem. Despejar nas forminhas adequadas, até o meio. Levar ao forno, quente, até que cresçam e se mostrem bem douradinhos.

Ingredientes:

2 xícaras, de chá, de farinha de trigo, peneirada
5 colheres, de chá, de fermento em pó
1 colher, de sopa, de açúcar
1 colher, de sopa, de sal
1 e ½ xícara, de chá, de leite
1 colher, de sopa, de manteiga, à temperatura ambiente

Modo de fazer:

Combinar todos os ingredientes. Colocar, em cada uma das forminhas de muffins, duas colheres, de sopa, cheias, da mistura. Assar, forno médio, até que cresçam e dourem.

Regalos de parmesão

Ingredientes:

2 xícaras, de chá, de farinha de trigo, peneirada
5 colheres, de chá, de fermento em pó
1 colher, de sopa, de açúcar
1 colher, de sopa, de sal
1 e ½ xícara, de chá, de leite
1 colher, de sopa, de manteiga, à temperatura ambiente
2/3 de xícara, de chá, de parmesão ralado

Modo de fazer:

Combinar todos os ingredientes. Incorporar o parmesão ralado. Misturar e remisturar, muito bem. Colocar, em cada uma das forminhas de muffins, duas colheres, de sopa, cheias, da mistura. Assar, em forno médio, até que cresçam e dourem.

BOLOS E TORTAS

Bolo básico de pão-de-ló

Ingredientes:

3 ovos, as claras e as gemas separadas
1 e ½ xícara, de chá, de açúcar
¾ de xícara, de chá, de água
1 e ½ xícara, de chá, de farinha de trigo, peneirada
¾ de xícara, de chá, de amido de milho, maisena
1 colher, de sopa, de fermento em pó

Modo de fazer:

Bater as claras, muito bem, ao ponto de neve espessíssima. Aos poucos, agregar as gemas, uma a uma. Sempre batendo e rebatendo, também aos poucos, acrescentar o açúcar. Juntar a água, a farinha e a maisena, também intercaladamente. Enfim, colocar o fermento. Misturar, rapidamente. Despejar na fôrma. Assar, em forno médio.

Bolo de abacaxi

Ingredientes:

2 gemas
1 xícara, de chá, de açúcar
½ xícara, de chá, de leite
2 claras, bem batidas, ao ponto de neve
1 xícara, de chá, de farinha de trigo, peneirada
2 colheres, de chá, de fermento em pó
Açúcar mascavo
Manteiga
Fatias de abacaxi
Creme de Chantilly

Modo de fazer:

Bater as gemas e o açúcar. Agregar o leite. Rebater. Incorporar as claras. Bater e rebater. Aos poucos, colocar a farinha de trigo. Adicionar o fermento. Misturar e remisturar. Forrar a fôrma com açúcar mascavo. Salpicar, aqui e ali, com pelotinhas de manteiga. Cobrir com as fatias de abacaxi, elegantemente dispostas. Por cima, despejar a massa. Levar ao forno médio. Desenformar e virar, de modo que as fatias de abacaxi fiquem no topo do bolo. Enfeitar as laterais do bolo com Creme de Chantilly, a gosto.

Bolo de ameixas

Ingredientes:

1kg de ameixas pretas, em calda, sem caroços
A calda das ameixas
3 gemas
2 xícaras, de chá, de açúcar
4 colheres, de sopa, de manteiga, amolecida à temperatura ambiente
4 xícaras, de chá, de farinha de trigo, peneirada
2 colheres, de sobremesa, de fermento em pó
1 pitadinha de sal
Mais ameixas pretas, sem caroços, para enfeitar

Modo de fazer:

Cozinhar as ameixas, na sua própria calda, até que comecem a se desmanchar. Bater, num liqüidificador. Passar numa peneira. Eliminar os sólidos eventuais. Bater as gemas com o açúcar e a manteiga. Acrescentar a farinha, o fermento e o sal. Misturar muito bem. Incorporar a pasta de ameixas. Remisturar. Despejar na fôrma. Levar ao forno, médio, até que o bolo fique tostado. Desenformar. Enfeitar com mais ameixas pretas.

Bolo de laranjas

Ingredientes:

½ xícara, de chá, de manteiga, amolecida à temperatura ambiente
½ xícara, de chá, de açúcar
4 gemas
As cascas, raladinhas, de duas laranjas-de-umbigo
½ xícara, de chá, de suco de laranja
1 e ½ xícara, de chá, de farinha de trigo, peneirada
½ xícara, de chá, de amido de milho
1 colher, de chá, de fermento em pó
4 claras, bem batidas, ao ponto de neve

Modo de fazer:

Bater a manteiga e o açúcar. Juntar as gemas, as cascas raladinhas, o suco de laranjas, a farinha de trigo, o amido de milho e o fermento. Bater, até que a massa se mostre bem lisa e bem macia. Incorporar as claras. Misturar e remisturar, delicadamente. Despejar na fôrma. Levar ao forno, médio, até que o bolo fique bem tostadinho. Desenformar.

Bolo de milho verde

Ingredientes:

2 xícaras, de chá, de grãos de milho verde, o enlatado
2 xícaras, de chá, de leite
1 colher, de sopa, de manteiga, amolecida à temperatura ambiente
4 ovos, gemas e claras
1 xícara, de chá, de açúcar
1 colher, de sopa, de fermento em pó
1 pitadinha de sal

Modo de fazer:

Colocar todos os ingredientes num liqüidificador – e bater, muito bem. Passar numa peneira, a fim de eliminar as peles dos grãos de milho. Despejar na fôrma. Levar ao forno, médio, até que a superfície do bolo fique bem tostadinha. Desenformar.

Bolo de nozes

Ingredientes:

2 xícaras, de chá, de açúcar
2 colheres, de sopa, de manteiga, amolecida à temperatura ambiente
3 gemas
1 xícara, de chá, de leite
1 xícara, de chá, de nozes bem moidinhas
3 xícaras, de chá, de farinha de trigo, peneirada
1 colher, de chá, de fermento em pó
Creme de Chantilly
Metades de nozes

Modo de fazer:

Bater o açúcar e a manteiga. Acrescentar as gemas. Bater e rebater. Adicionar o leite, as nozes, a farinha de trigo e o fermento. Bater e rebater. Despejar na fôrma. Levar ao forno, médio, até que a superfície do bolo fique bem tostadinha. Desenformar. Virar num prato bonito. Cobrir com o Chantilly. Enfeitar com as metades de nozes.

Bolo inglês

Ingredientes:

5 gemas
1 xícara, de chá, de açúcar
1 colher, de sopa, bem cheia, de manteiga, amolecida à temperatura ambiente
5 claras, bem batidas, ao ponto de neve
1 xícara, de chá, de farinha de trigo, peneirada
1 colher, de sopa, de conhaque
½ xícara, de chá, de uvas-passas, douradas, sem caroços
½ xícara, de chá, de uvas-passas, escuras, sem caroços

Modo de fazer:

Bater as gemas, o açúcar e a manteiga. Incorporar as claras. Misturar e remisturar. Daí, aos poucos, colocar a farinha. Bater e rebater. Agregar o conhaque e as passas. Misturar e remisturar. Despejar na fôrma. Levar ao forno, médio, até que a superfície do bolo fique bem tostadinha. Desenformar. Virar num prato bonito. Servir com chá.

Bolo mascavo

Ingredientes:

250g de manteiga, amolecida à temperatura ambiente
500g de açúcar mascavo
6 gemas
2 colheres, de sopa, de canela em pó
500g de farinha de trigo, peneirada
½ litro de leite integral
1 colher, de chá, de bicarbonato de sódio
6 claras, bem batidas, ao ponto de neve
1 xícara, de chá, de uvas-passas, escuras, sem caroços

Modo de fazer:

Bater a manteiga e o açúcar mascavo. Juntar as gemas, a canela e a farinha de trigo. Misturar e remisturar. Agregar o leite e o bicarbonato. Bater e rebater, sem permitir que a mistura crie bolhas. Incorporar as claras e as passas, mexendo com delicadeza. Despejar na fôrma. Levar ao forno, médio, até que a superfície do bolo fique bem tostadinha. Desenformar. Virar num prato bem charmoso. Servir com chá ou café.

Bolo de mel

Ingredientes:

3 ovos, as claras e as gemas separadas
2 xícaras, de chá, de farinha de trigo
3 colheres, de sopa, de manteiga
1 xícara, de chá, de mel
3 colheres, de chá, de fermento em pó

Modo de fazer:

Bater as claras, muito bem, ao ponto de neve espessíssima. Aos poucos, agregar as gemas, uma a uma. Paralelamente, bater a manteiga e o mel. Combinar. Acrescentar a farinha e o fermento. Misturar muito bem. Despejar na fôrma. Assar em forno médio.

Bolo de cerveja

Ingredientes:

6 ovos, as claras e as gemas separadas
2 xícaras, de chá, de açúcar
2 xícaras, de chá, de farinha de trigo
1 lata de cerveja clara, do tipo Pilsen
2 colheres, de café, de fermento em pó

Modo de fazer:

Bater as claras, muito bem, ao ponto de neve espessíssima. Aos poucos, agregar as gemas, uma a uma. Também aos poucos, incorporar o açúcar. Acrescentar a cerveja e o fermento. Misturar muito bem. Despejar na fôrma. Assar, em forno médio.

Bolo de cerveja doce

Ingredientes:

6 ovos, as claras e as gemas separadas
2 xícaras, de chá, de açúcar
2 xícaras, de chá, de farinha de trigo
1 lata de cerveja preta, do tipo Malzbier
2 colheres, de café, de fermento em pó

Modo de fazer:

Bater as claras, muito bem, ao ponto de neve espessíssima. Aos poucos, agregar as gemas, uma a uma. Também aos poucos, incorporar o açúcar. Acrescentar a cerveja e o fermento. Misturar muito bem. Despejar na fôrma. Assar, em forno médio.

Bolo de fubá do SL

Ingredientes:

1 e ½ xícara, de chá, de fubá
½ xícara, de chá, de farinha de trigo, peneirada
1 e ½ xícara, de chá, de leite integral
2 colheres, de sopa, bem cheias, de açúcar
3 colheres, de sopa, de óleo de milho
4 colheres, de chá, de fermento em pó
1 colher, de chá, de sal
1 ovo, a clara e a gema bem batidinhas
1 colher, de sopa, de sementinhas de erva-doce
1 xícara, de chá, de queijo frescal, em dadinhos, 1cm x 1cm x 1cm
Parmesão, ralado em fios

Modo de fazer:

Numa vasilha, combinar o fubá, a farinha de trigo, o leite, o açúcar, o óleo de milho, o fermento, o sal e o ovo. Homogeneizar muito bem. Incorporar a erva-doce e o queijo fresco. Misturar e remisturar. Pulverizar o fundo da fôrma com parmesão, ralado em fios. Despejar a massa na fôrma. Levar ao forno médio. Quando o topo do bolo se mostrar bem sequinho, espalhar mais parmesão em cima. Devolver ao forno, até o tempo justo.

Bolo de chocolate do SL

Ingredientes:

6 ovos, as gemas e as claras separadas
125g de manteiga, sem sal
1 e ½ xícara, de chá, de açúcar
4 colheres, de sopa, cheias, de chocolate em pó, meio-amargo
1 e ½ xícara, de chá, de farinha de trigo
1 colher, de sopa, rasa, de fermento em pó

Modo de fazer:

Bater as claras, muito bem, ao ponto de neve espessíssima. Paralelamente, bater a manteiga e o açúcar, até obter uma pasta densa e homogênea. Agregar as gemas, uma a uma. Aos poucos, sem parar de bater, incorporar o chocolate em pó e a farinha. Enfim, acrescentar o fermento. Misturar muito bem. Despejar na fôrma. Levar ao forno bem quente. No caso de você optar pelas fôrmas com as unidades individuais, experimente retirar do calor alguns minutos antes do ponto justo – assim que a superfície dos bolinhos se mostrar sequinha mas ainda não tostada. Surpresa impactante: os bolinhos ficarão crocantezinhos por fora e espetacularmente molengas no seu interior.

Toucinho do céu

Ingredientes:

½ kg de açúcar
2 xícaras, de chá, de água
1 colher, de sopa, de manteiga
250g de amêndoas, peladas, bem trituradinhas ao ponto de farinha
6 gemas, batidas
3 claras, bem batidas, ao ponto de neve
4 colheres, de sopa, de farinha de trigo, peneirada
Açúcar de confeiteiro

Modo de fazer:

Com a água e o açúcar, fazer uma calda, em ponto de fio. Retirar do calor. Adicionar a manteiga. Misturar bem. Agregar as amêndoas. Mexer e remexer. Incorporar as gemas e as claras. Misturar e remisturar. Passar a pasta resultante por uma peneira bem fina. Juntar a farinha de trigo. Misturar e remisturar muito bem. Despejar na fôrma. Levar ao forno, médio-fraco, até que o Toucinho se firme, cerca de 45 minutos. Deixar que esfrie. Desenformar. Pulverizar o topo, delicadamente, com o açúcar de confeiteiro.

Tarte tatin

Ingredientes:

6 maçãs, do tipo Golden Delicious
Açúcar mascavo
Manteiga
Massa folhada, de supermercado
Sorvete de creme

Modo de fazer:

Descascar as maçãs. Cortar em oitavos. Eliminar as sementes. Forrar o fundo da fôrma com o açúcar mascavo. Salpicar, aqui e ali, com pelotinhas de manteiga. Cobrir com os gomos de maçã, elegantemente dispostos. Abrir a massa de acordo com as informações do fabricante. Cortar a massa no desenho exato da fôrma. Colocar a massa por cima dos oitavos de maçã. Levar ao forno, médio, até que a massa cresça o suficiente e se mostre bem dourada e sequinha. Desenformar. Virar. Servir com bolas de sorvete de creme.

GELATINAS E TREME-TREMES

Gelatina básica

Ingredientes:

4 claras, muito bem batidas
12 colheres, de sopa, de açúcar
½ litro de leite, aquecido
4 folhas de gelatina vermelha
4 folhas de gelatina incolor
4 gemas
1 cálice de vinho branco, bem seco

Modo de fazer:

Quando as claras se mostrarem bem firmes, agregar, à batedeira, aos poucos, o açúcar. Levar ao ponto de neve bem dura. Paralelamente, no leite aquecido, dissolver as folhas de gelatina. Agregar as gemas. Misturar e remisturar, sem parar. Incorporar as claras em neve e o vinho branco. Remisturar, muito bem. Colocar na fôrma molhada. Refrigerar.

Gelatina de pêssegos

Ingredientes:

6 xícaras, de chá, de água em ebulição
20 folhas de gelatina incolor
3 xícaras, de chá, de suco de laranja, bem coado
O sumo de 2 limões
1 cálice de vinho do Porto
1 cálice de licor Cointreau
1 lata de pêssegos em compota, com a calda, cortados em tirinhas
Açúcar, a gosto

Modo de fazer:

Na água em ebulição, desmanchar as folhas de gelatina. Coar através de um pano bem limpo. Ao resultado, agregar o suco das laranjas, o sumo dos limões, o vinho, o licor, as tirinhas dos pêssegos e a sua calda. Adoçar, com o açúcar, caso necessário. Despejar nas fôrmas, individuais, de muffins, ou nas maiores, previamente molhadas. Refrigerar.

Gelatina de frutas vermelhas

Ingredientes:

5 xícaras, de chá, de água em ebulição
10 folhas de gelatina incolor
5 folhas de gelatina vermelha
O sumo de 2 limões
2 e ½ xícaras, de chá, de açúcar
3 claras, bem batidas, ao ponto de neve
Morangos, framboesas e amoras

Modo de fazer:

Na água em ebulição, desmanchar as folhas de gelatina. Coar através de um pano bem limpo. Ao resultado, agregar o sumo dos limões, o açúcar e as claras em neve. Na fôrma da sua escolha, previamente molhada. depositar um quarto da gelatina, ainda morna. Cobrir com uma camada de morangos. Depositar mais um quarto da gelatina, ainda morna. Cobrir com uma camada de framboesas. Depositar mais um quarto da gelatina. Cobrir com uma camada de amoras. Completar com o restante da gelatina. Despejar nas fôrmas, individuais, de muffins, ou nas maiores, previamente molhadas. Refrigerar.

Gelatina encantadora

Ingredientes:

1 lata de abacaxi em compota
A calda do abacaxi em compota
A água necessária
O açúcar indispensável
9 folhas de gelatina incolor
9 folhas de gelatina vermelha
1 litro de leite
6 gemas, batidas com 6 colheres, de sopa, de açúcar
1 colher, de sopa, de amido de milho
Gotas de essência de baunilha
6 claras, bem batidas ao ponto de neve, com 12 colheres de açúcar
Folhinhas de hortelã, frescas

Modo de fazer:

Medir a calda do abacaxi. Completar, com água, até obter o equivalente a três xícaras, de chá. Adoçar, se necessário. Levar à fervura. Juntar as folhas de gelatina. Mexer e remexer. Coar, num pano fino. Despejar na fôrma, pré-molhada, da sua predileção – o ideal é utilizar o conjunto das individuais, tipo muffins. Fazer um mingau com o leite, as gemas batidas com o açúcar, o amido de milho e a essência de baunilha. Passar numa peneira e engrossar, no fogo médio. Retirar. Resfriar. Depositar sobre a gelatina. No topo, espalhar o abacaxi, picadinho. Refrigerar. Na hora de servir, enfeitar com um toque das claras, bem batidas ao ponto de neve, e com as folhinhas de hortelã, frescas.

Gelatina de maçãs

Ingredientes:

1kg de maçãs, sem as cascas e sem as sementes, cortadas em quartos
O sumo de 2 limões
200g de açúcar
Um pouco de água fervente
5 folhas de gelatina incolor

Modo de fazer:

Numa panela, com o sumo dos dois limões, o açúcar, e um pouco de água em ebulição, desmanchar as maçãs. Passar numa peneira bem fina. À parte, em mais um pouco de água em ebulição, dissolver a gelatina. Juntar a gelatina desmanchada à pasta das maçãs. Misturar e remisturar muito bem. Despejar numa fôrma, pré-molhada. Refrigerar.

Gelatina de nozes

Ingredientes:

2 envelopes de gelatina branca, sem sabor
2 xícaras, de chá, de água fria
½ litro de leite, bem aquecido, sem ferver, porém
½ xícara, de chá, de rum
1 xícara, de chá, de nozes, já descascadas, bem moidinhas
2 xícaras, de chá, de açúcar
½ litro de creme de leite, fresco
Metades de nozes, para enfeitar
Cerejas em conserva

Modo de fazer:

Durante cinco minutos, amolecer a gelatina na água fria. Acabar de dissolvê-la no leite bem aquecido. Agregar o rum, as nozes moidinhas e uma das xícaras, de chá, de açúcar. Misturar e remisturar. Resfriar. Paralelamente, combinar a outra xícara, de chá, de açúcar, e o creme de leite. Bater e rebater, até obter uma pasta bem densa. Separar quatro colheres, de sopa, do resultado. Guardar na geladeira. Misturar a gelatina de nozes ao creme engrossado. Despejar numa fôrma, sem orifício central, bem molhada. Levar à geladeira e deixar, até o dia seguinte. Então, retirar da fôrma, sobre um prato bem bonito. Com um saco de confeiteiro, e com o creme reservado, enfeitar, a gosto, o topo da gelatina. Completar, com as metades de nozes e com as cerejas em conserva.

Gelatina de amêndoas

Ingredientes:

2 envelopes de gelatina branca, sem sabor
2 xícaras, de chá, de água fria
½ litro de leite, bem aquecido, sem ferver, porém
½ xícara, de chá, de licor Amaretto
1 xícara, de chá, de amêndoas, já descascadas, bem moidinhas
2 xícaras, de chá, de açúcar
½ litro de creme de leite, fresco
Metades de amêndoas, para enfeitar
Damasco seco, em tirinhas bem finas

Modo de fazer:

Durante cinco minutos, amolecer a gelatina na água fria. Acabar de dissolvê-la no leite bem aquecido. Agregar o licor, as amêndoas moidinhas e uma das xícaras, de chá, de açúcar. Misturar e remisturar. Resfriar. Paralelamente, combinar a outra xícara, de chá, de açúcar, e o creme de leite. Bater e rebater, até obter uma pasta bem densa. Separar quatro colheres, de sopa, do resultado. Guardar na geladeira. Misturar a gelatina de amêndoas ao creme engrossado. Despejar numa fôrma, sem orifício central, bem molhada. Levar à geladeira, até o dia seguinte. Então, retirar da fôrma, sobre um prato bem bonito. Com um saco de confeiteiro, e com o creme reservado, enfeitar, a gosto, o topo da gelatina. Completar, com as metades de amêndoas e com as tiras de damasco.

Gelatina treme-treme da tia Silaide (I)

Ingredientes:

4 gemas
4 colheres, de sopa, de açúcar
Gotas de essência de baunilha
4 claras
Mais 4 colheres, de sopa, de açúcar
1 litro de leite, bem quente, antes, porém, da ebulição
4 gemas, bem desmanchadinhas
15 folhas de gelatina, incolor, já desmanchadas em água quente

Modo de fazer:

Bater as gemas, muito bem, com o açúcar e com a baunilha. Paralelamente, bater as quatro claras com as quatro colheres de açúcar, até o ponto de superneve. Acrescentar, ao leite quente, as gemas. Mexer e remexer, desmanchando as gemas no leite. Adicionar as folhas de gelatina, já espremidas. Mexer e remexer. Incorporar as claras, ao ponto de superneve. Misturar. Remisturar. Despejar numa fôrma pré-molhada. Refrigerar.

Gelatina treme-treme da tia Silaide (II)

Ingredientes:

4 gemas
4 colheres, de sopa, de açúcar
Gotas de essência de baunilha
4 claras
Mais 4 colheres, de sopa, de açúcar
½ litro de leite, bem quente, antes, porém, da ebulição
½ litro de suco de caju
4 gemas, bem desmanchadinhas
15 folhas de gelatina, incolor, já desmanchadas em água quente

Modo de fazer:

Bater as gemas, muito bem, com o açúcar e com a baunilha. Paralelamente, bater as quatro claras com as quatro colheres de açúcar, até o ponto de superneve. Acrescentar, ao leite quente, as gemas. Mexer e remexer, desmanchando as gemas no leite. Adicionar o suco de caju e a gelatina. Mexer e remexer, bem. Incorporar as claras, ao ponto de superneve. Misturar. Remisturar. Despejar numa fôrma pré-molhada. Refrigerar.

Gelatina treme-treme da tia Silaide (III)

Ingredientes:

4 gemas
4 colheres, de sopa, de açúcar
Gotas de essência de baunilha
4 claras
Mais 4 colheres, de sopa, de açúcar
2/3 de litro de leite, bem quente, antes, porém, da ebulição
1/3 de litro de néctar de manga
4 gemas, bem desmanchadinhas
15 folhas de gelatina, incolor, já desmanchadas em água quente

Modo de fazer:

Bater as gemas, muito bem, com o açúcar e com a baunilha. Paralelamente, bater as quatro claras com as quatro colheres de açúcar, até o ponto de superneve. Acrescentar, ao leite quente, as gemas. Mexer e remexer, desmanchando as gemas no leite. Adicionar o néctar de manga e a gelatina. Mexer e remexer, bem. Incorporar as claras, ao ponto de superneve. Misturar. Remisturar. Despejar numa fôrma molhada. Refrigerar.

Maria-mole

Ingredientes:

8 folhas de gelatina vermelha, previamente amolecida em água fria
4 folhas de gelatina incolor, previamente amolecida em água fria
1 copo de água, ultraquente
500g de açúcar
Manteiga
Coco raladinho

Modo de fazer:

Numa tigela, colocar 2/3 da água ultra-quente. Dissolver a gelatina vermelha. Em outra tigela, colocar o restante da água. Dissolver a gelatina incolor. Numa batedeira, primeiro, combinar a gelatina vermelha a 2/3 do açúcar. Virar e revirar, até que a mistura fique bem endurecida. Repetir a operação com a gelatina incolor e com 1/3 do açúcar. Untar uma fôrma com manteiga. Despejar metade da pasta vermelha. Cobrir com a pasta branca. No topo, despejar o restante da pasta vermelha. Refrigerar, até que a Maria-Mole se mostre com a textura adequada. Cortar em pedaços. Passar no coco ralado e servir.

DOCES PARA DATAS ESPECIAIS

Spumone

Ingredientes:

1 xícara, de chá, de açúcar
½ copo de água
4 colheres, de sopa, cheias, de chocolate em pó, meio-amargo
1 lata de leite condensado
O mesmo volume, de leite integral
4 gemas
4 claras, bem batidas, ao ponto de neve
Mais duas colheres, de sopa, de açúcar
1 caixinha de creme de leite, longa-vida
Geléia de frutas vermelhas
Folhinhas frescas de hortelã
Gomos, pelados, de laranja ou de tangerina

Modo de fazer:

Em fogo suave, derreter o açúcar. Agregar a água. Dissolver completamente. Adicionar o chocolate. Caramelizar o açúcar e o chocolate. Com o resultado, forrar o fundo de uma fôrma, preferivelmente aquela de orifício no meio. Reservar. Bater o leite condensado, o leite integral e as gemas. Cozinhar, em fogo suave, até que o resultado se adense muito bem. Reservar, até que se resfrie, à temperatura ambiente. Rebater as claras com as outras duas colheres de açúcar. Incorporar o creme de leite. Misturar e remisturar. Então, combinar a pasta de leite condensado e a pasta de claras. Misturar e remisturar. Despejar sobre o fundo de chocolate, na fôrma escolhida. Levar ao congelador, por ao menos doze horas. Ao servir, desenformar. Enfeitar com a geléia, a hortelã e os gomos.

Quindão

Ingredientes:

12 gemas, já peneiradas
300g de açúcar
1 colher, de sopa, de margarina, amolecida à temperatura ambiente
1 e ½ xícara, de chá, de coco fresco, ralado; ou o seco, amolecido em água
Mais margarina, para untar a fôrma
Mais açúcar, para pulverizar a fôrma

Modo de fazer:

Bater as gemas com o açúcar, a margarina amolecida e o coco. Despejar numa fôrma bem untada com margarina e pulverizada com açúcar. Deixar que tudo descanse, por meia-hora. Assar, em banho-maria, forno médio, a fôrma bem coberta, até que a pasta de gemas e coco comece a endurecer. Rebaixar o calor. Manter, no forno manso, até que um palito, enfiado no Quindão, saia sequinho. Resfriar. Guardar na geladeira.

Cocadão

Ingredientes:

3 xícaras, de chá, de açúcar
1 xícara, de chá, de água
500g de coco fresco, ralado; ou o seco, amolecido em água
6 gemas, já peneiradas
4 colheres de sopa, rasas, de farinha de trigo, peneirada
1 xícara, de chá, de leite
1 colher, de sopa, de manteiga, amolecida à temperatura ambiente
1 colher, de chá, de fermento em pó

Modo de fazer:

Com a água e o açúcar, fazer uma calda, em ponto de fio. Incorporar o coco ralado. Mexer e remexer. Em fogo suave, cozinhar por dez minutos, virando e revirando com uma colher de madeira. Deixar que esfrie. Agregar as gemas e a farinha de trigo, pré-dissolvida no leite. Misturar e remisturar. Acrescentar a manteiga e o fermento. Mexer e remexer muito bem. Despejar na fôrma. Levar ao forno, médio-fraco, em banho-maria, com água-preaquecida, por cerca de trinta minutos – ou até que o topo se gratine.

Queijão

Ingredientes:

2 litros de leite, integral
300g de açúcar
Mais 1 xícara, de chá, de açúcar
1 xícara, de chá, de água bem quente
6 ovos, gemas e claras, levemente batidas
Parmesão raladinho

Modo de fazer:

Ferver o leite e o açúcar, até obter um doce bem dourado, ainda molenga. Reservar, na geladeira, até o dia seguinte. Então, preparar um caramelo. Numa frigideira, derreter o açúcar, mexendo e remexendo com uma colher de madeira. Daí, aos poucos, agregar a água. Levar à fervura e esperar que a calde se adense. Reservar. Misturar os ovos, ao doce de leite, até obter uma pasta bem amalgamada. Untar a fôrma, muito bem, com o caramelo. Despejar o doce de leite, já combinado aos ovos. Levar ao forno quente, sobre uma travessa, em banho-maria. Alguns minutos antes de o Queijão ficar bem firme, bem sequinho, espalhar o parmesão no seu topo. Gratinar o parmesão e servir, depressa.

Pavê da tia Alba

Ingredientes:

250g de manteiga, amolecida à temperatura ambiente
8 gemas
150g de açúcar
8 colheres, de sopa, bem cheias, de chocolate em pó
48 biscoitos do tipo Diplomata
Rum escuro

Modo de fazer:

Combinar, muito bem, a manteiga, as gemas, o açúcar e o chocolate. Rapidamente, de forma apenas superficial, banhar alguns dos biscoitos no rum e, no fundo da fôrma retangular, montar uma camada. Por cima da camada de biscoitos, espalhar um pouco da pasta de chocolate. Repetir, até que os biscoitos terminem. Cobrir a fôrma com um pano e guardar na geladeira. Também guardar a pasta que sobrou. No dia seguinte, retirar o pavê da fôrma. Antes de servir, cobrir o topo e os lados do pavê com a pasta que sobrou.

Tiramisu da vovó Palminha

Ingredientes:

2 xícaras, de chá, de café, amargo, bem forte
1 xícara, de café, de conhaque de vinho
½ xícara, de café, de licor Amaretto
48 biscoitos do tipo Diplomata
500g de queijo cremoso, do tipo Mascarpone
Chocolate em pó

Modo de fazer:

Combinar, muito bem, o café, o conhaque e o Amaretto. Rapidamente, de forma apenas superficial, banhar alguns dos biscoitos no rum e, no fundo da fôrma retangular, montar uma camada. Por cima da camada de biscoitos, espalhar um pouco do Mascarpone. Com a ajuda de uma peneirinha, pulverizar o Mascarpone com chocolate em pó. Repetir, até que os biscoitos terminem. Cobrir a fôrma com um pano e guardar na geladeira. No dia seguinte, retirar o Tiramisu da fôrma. Antes de servir, cobrir o topo e os lados do Tiramisu com mais Mascarpone. Pulverizar o topo do Tiramisu com mais chocolate.

PUDINS

Pudim clássico de leite condensado

Ingredientes:

1 xícara, de chá, de açúcar
1 xícara, de chá, de água bem quente
1 lata de leite condensado
Na mesma medida, leite integral
4 ovos

Modo de fazer:

Primeiro, preparar o caramelo. Numa frigideira, derreter o açúcar, mexendo e remexendo com uma colher de madeira. Daí, aos poucos, agregar a água. Levar à fervura e esperar que a calda se adense. Num liqüidificador, bater o leite condensado, o leite integral e os quatro ovos. Untar a fôrma, ou as unidades individuais, com metade do caramelo. Despejar a pasta do pudim. No topo, espalhar o caramelo restante. Levar ao forno, em calor médio, em banho-maria, até que o pudim ganhe corpo.

Pudim de laranjas

Ingredientes:

1 xícara, de chá, de açúcar
1 xícara, de chá, de água bem quente
6 ovos, gemas e claras, batidos
1 e ½ xícara, de chá, de suco de laranjas-de-umbigo, coado
Mais duas xícaras, de chá, de açúcar
2 colheres, de sopa, cheias, de amido de milho

Modo de fazer:

Primeiro, preparar o caramelo. Numa frigideira, derreter o açúcar, mexendo e remexendo com uma colher de madeira. Daí, aos poucos, agregar a água. Levar à fervura e esperar que a calda se adense. Combinar, bem, os ovos, o suco de laranja, o açúcar e o amido de milho. Passar numa peneira. Untar a fôrma, ou as unidades individuais, com metade do caramelo. Despejar a pasta do pudim. No topo, espalhar o caramelo restante. Levar ao forno, médio, em banho-maria, até que ganhe corpo.

Pudim de pão

Ingredientes:

Os miolos de 4 pãezinhos, amanhecidos
1 litro de leite, morno
1 xícara, de chá, de açúcar
1 xícara, de chá, de água bem quente
10 gemas, bem desmanchadas
10 claras, bem batidas, ao ponto de neve
1 cálice de vinho do Porto
Mais açúcar
Noz-moscada
Canela em pó

Modo de fazer:

Amolecer os paezinhos no leite. Eliminar o leite. Passar os pãezinhos numa peneira bem fina. Reservar. Preparar o caramelo. Numa frigideira, derreter o açúcar, mexendo e remexendo com uma colher de madeira. Daí, aos poucos, agregar a água. Levar à fervura e esperar que a calda se adense. À pasta de pão, incorporar as gemas, as claras e o vinho do Porto. Acertar o ponto do açúcar. Temperar, ainda, com pitadinhas de noz-moscada e de canela em pó. Misturar e remisturar. Untar a fôrma, ou as unidades individuais, com metade do caramelo. Despejar a pasta do pudim. No topo, espalhar o caramelo restante. Levar ao forno, médio, em banho-maria, até que ganhe corpo.

Pudim de queijo

Ingredientes:

1 xícara, de chá, de açúcar
1 xícara, de chá, de água bem quente
4 ovos, gemas e claras, batidos
10 colheres, de sopa, de açúcar
4 colheres, de sopa, de queijo ralado
2 colheres, de sopa, de farinha de trigo
½ litro de leite

Modo de fazer:

Primeiro, preparar o caramelo. Numa frigideira, derreter o açúcar, mexendo e remexendo com uma colher de madeira. Daí, aos poucos, agregar a água. Levar à fervura e esperar que a calda se adense. Combinar, muito bem, os ovos e o açúcar. Agregar o queijo, a farinha e o leite. Passar, três vezes, numa peneira. Untar a fôrma, ou as unidades individuais, com metade do caramelo. Despejar a pasta. No topo, espalhar o caramelo restante. Levar ao forno, médio, em banho-maria, até que ganhe corpo.

PUDIM DE CAFÉ

Ingredientes:

1 colher, de sopa, de manteiga, amolecida à temperatura ambiente
2 colheres, de sopa, de farinha de trigo
1 xícara, de chá, de café bem forte
1 xícara, de chá, de leite integral
4 gemas
1 xícara, de chá, de açúcar
4 claras, bem batidas, ao ponto de neve
Creme de Chantilly
Cerejas em calda
Grãos de café, torradinhos
Folhas de hortelã

Modo de fazer:

Numa frigideira, derreter a manteiga. Acrescentar a farinha, misturando e remisturando, para que não empelote. Agregar, pouco a pouco, o café e o leite, sempre cuidando para não criar grumos. Caso necessário, passar numa peneira fina. Retirar do calor. Quando a mistura se amornar, uma a uma, adicionar as gemas e, também pouco a pouco, o açúcar. Mexer e remexer, até obter uma pasta bem amalgamada. Por fim, incorporar as claras bem batidas ao ponto de neve. Mexer e remexer. Despejar na fôrma. Cozinhar, sobre uma travessa, em banho-maria, no fogão, ou assar no forno, sempre em banho-maria, até que o pudim tome corpo, cerca de 45 minutos. No momento de servir, desenformar e enfeitar com o Chantilly, os grãos de café, as cerejas e as folhas de hortelã.

Manjar branco do SL

Ingredientes:

6 colheres, de sopa, de amido de milho, maisena
½ litro de leite integral
½ litro de creme de coco
1 cálice de licor de cacau
Açúcar
Ameixas-pretas, em calda
Geléia vermelha, de framboesas ou de morangos

Modo de fazer:

Dissolver a maisena numa xícara, de chá, de leite. Ferver o restante do leite. Na panela do leite quente, em fogo baixo, incorporar a maisena diluída e o creme de coco. Misturar e remisturar. Eliminar todos os grumos eventuais. Despejar o licor de cacau. Caso necessário, acertar o ponto do açúcar. Cozinhar, até obter uma textura de mingau. Despejar na fôrma. Levar à geladeira, para que o Manjar Branco endureça. Ao servir, desenformar num prato bonito e enfeitar com as ameixas e a geléia vermelha.

Pudim de pescadinha

Ingredientes:

750g de filés de pescadinha, cortados em pedaços pequenos
Sal e pimenta-do-reino, a gosto
O sumo de 1 limão
Azeite de oliva
1 cebola branca, grande, bem picadinha
½ caixinha, do tipo longa-vida, de polpas peneiradas de tomate
1 colher, de sopa, de salsinha verde, bem batidinha
O purê de 6 batatas, das graúdas
1 caixinha, do tipo longa-vida, de creme de leite
6 gemas, já bem desmanchadas
4 colheres, de sopa, de queijo ralado
¾ de xícara, de chá, de farinha de rosca
6 claras, bem batidas, ao ponto de neve
Manteiga
Molho de camarões, refogados em cebola e polpas de tomate

Modo de fazer:

Temperar o peixe com sal, pimenta-do-reino e o sumo de limão. Reservar, por meia hora. Numa panela, sobre um fundo de azeite, murchar a cebola. Agregar as polpas de tomate, a salsinha e o peixe. Cozinhar, em fogo baixo, a panela tampada, até que o peixe comece a se desmanchar. Passar num processador e numa peneira fina. Fora do calor, combinar a pasta de peixe, o purê de batatas, o creme de leite, as gemas e a farinha de rosca. Misturar e remisturar, muito bem. Levar ao fogo baixo, virando e revirando com uma colher de madeira, até que a massa se mostre bem ligada e consistente. Retirar do calor. Esperar que tudo se resfrie à temperatura ambiente. Acertar o ponto do sal e da pimenta-do-reino. Incorporar as claras, com o máximo de delicadeza. Untar uma fôrma com manteiga. Preencher a fôrma com a pasta de pescadinha et cetera. Levar ao forno, quente, por cerca de trinta minutos. Retirar. Desenformar. Ao servir, cobrir os pedaços respectivos com um molho de camarões refogados em cebola e polpas de tomate.

Pudim de bacalhau

Ingredientes:

Azeite de oliva
1 xícara, de chá, de cebola branca, bem picadinha
500g de bacalhau, já dessalgado e reidratado, desmanchado em lascas
250g de arroz, já cozido, batido num liqüidificador e peneirado
4 ovos, gemas e claras
Sal e pimenta-do-reino, a gosto
Manteiga
Dadinhos de polpa de tomate
Salsinha verde, bem batidinha
Azeitonas pretas, sem caroços

Modo de fazer:

Numa caçarola, aquecer um fundo de azeite. Rapidamente, refogar a cebola. Acrescentar o bacalhau. Mexer e remexer. Caso necessário, colocar mais azeite, até que o bacalhau se mostre suficientemente cozido. Retirar do calor. Agregar a massa de arroz e os ovos. Misturar e remisturar muito bem. Acertar o ponto do sal e da pimenta-do-reino. Untar uma fôrma com manteiga. Preencher a fôrma com a pasta de arroz e bacalhau. Levar ao forno, brando, até que o pudim se mostre corado.

Retirar. Desenformar. Enfeitar com os dadinhos de polpa de tomate, com a salsinha verde e com as azeitonas pretas.

Pudim de camarões

Ingredientes:

2 colheres, de sopa, cheias, de manteiga
2 colheres, de sopa, cheias, de farinha de trigo
1 xícara, de chá, de caldo de cozimento de cabeças de camarões, bem coado
1 e ½ xícara, de chá, de leite
4 ovos, muito bem batidos
2 colheres, de sopa, de polpas peneiradas de tomate
1 pires de queijo ralado
500g de camarões graúdos, limpos, cozidos no vapor, cortados nas suas juntas
2 colheres, de sopa, de orégano, fresco
Sal, pimenta-do-reino e noz-moscada, a gosto
Mais manteiga
Farinha de rosca
Dadinhos de polpa de tomate
Lascas de azeitonas pretas

Modo de fazer:

Numa caçarola, derreter a manteiga. Aos poucos, agregar a farinha, virando e revirando sem parar. Não permitir que a farinha doure. Daí, também aos poucos, despejar o caldo de cozimento de cabeças de camarões e o leite, até obter uma pasta bem homogênea. Caso necessário, passar numa peneira. Em fogo suave, incorporar os ovos e o queijo ralado. Misturar e remisturar, até que a pasta se cozinhe e se adense. Fora do calor, agregar os camarões e o orégano. Misturar e remisturar. Acertar o ponto do sal, da pimenta-do-reino e da noz-moscada. Untar uma fôrma com manteiga. Pulverizar o fundo e as bordas da fôrma com a farinha de rosca. Preencher com a massa de camarões, sem comprimir em demasia – assim, o pudim ficará mais fofo. Levar ao forno, médio, até que o pudim se doure. Desenformar. Enfeitar com o tomate e com as azeitonas.

Pudim de galinha

Ingredientes:

2 colheres, de sopa, cheias, de manteiga
2 colheres, de sopa, cheias, de farinha de trigo
1 xícara, de chá, de caldo de galinha, bem coado
1 e ½ xícara, de chá, de leite
4 ovos, muito bem batidos
1 píres de queijo ralado
500g de peito de frango, já cozido, bem desfiadinho
2 colheres, de sopa, de folhinhas de alecrim, fresco
Sal, pimenta-do-reino e noz-moscada, a gosto
Mais manteiga
Farinha de rosca
Dadinhos de polpa de tomate
Ramos de alecrim, fresco

Modo de fazer:

Numa caçarola, derreter a manteiga. Aos poucos, agregar a farinha de trigo, virando e revirando sem parar. Não permitir que a farinha doure. Daí, também aos poucos, despejar o caldo de galinha e o leite, até obter uma pasta bem homogênea. Caso necessário, passar numa peneira. Em fogo suave, incorporar os ovos e o queijo ralado. Misturar e remisturar, até que a pasta se cozinhe e se adense. Fora do calor, agregar o frango e o alecrim. Acertar o ponto do sal, da pimenta-do-reino e da noz-moscada. Untar uma fôrma com manteiga. Pulverizar o fundo e as bordas com a farinha de rosca. Preencher com a massa de frango, sem comprimir em demasia – assim, o pudim ficará mais fofo. Levar ao forno, médio, até que o pudim se doure. Desenformar. Enfeitar com os dadinhos de tomate e com o alecrim.

Pudim de carne

Ingredientes:

1 xícara, de chá, de caldo de carne
1 xícara, de chá, de leite integral
Os miolos de 6 pãezinhos, amanhecidos
750g de carne moída, preferivelmente o patinho, sem gorduras e sem nervos
1 colher, de sopa, de manteiga, à temperatura ambiente
4 ovos, gemas e claras
4 colheres, de sopa, de salsinha verde, bem batidinha
Sal, pimenta-do-reino e noz-moscada, a gosto
Mais manteiga
Farinha de rosca
Dadinhos de polpa de tomate
Lascas de azeitonas verdes

Modo de fazer:

Amolecer os pãezinhos em partes iguais de caldo de carne e de leite. Eliminar o líquido. Passar os pãezinhos numa peneira bem fina. Numa vasilha grande, com as mãos, mesmo, combinar a pasta dos pãezinhos, a carne, a colher de manteiga, os ovos e a salsinha. Amalgamar, muito bem. Temperar, a gosto, com o sal, a pimenta-do-reino e a noz-moscada. Untar uma fôrma com mais manteiga. Pulverizar o fundo e as bordas com a farinha de rosca. Preecher a fôrma com a massa de carne e pão, sem comprimir em demasia – assim, o pudim ficará mais fofo. Levar ao forno até que o pudim se doure. Desenformar. Enfeitar com os dadinhos de tomate e com as lascas de azeitonas verdes.

BAVAROISES E MOUSSES

Bavaroise de morangos

Ingredientes:

1 litro de água
10 folhas de gelatina, vermelhas, picadas
16 colheres, de sopa, cheias, de açúcar
4 claras, bem batidas, ao ponto de superneve
250g de polpas de morango, muito bem coadas
1 lata de creme de leite, levemente batido
Morangos inteiros
Folhas de hortelã

Modo de fazer:

Levar a água à ebulição, com a gelatina e com o açúcar. Esperar que volte à temperatura ambiente. Paralelamente, combinar as claras e as polpas de morango. Incorporar à água com a gelatina. Misturar e remisturar. Juntar o creme de leite. Misturar e remisturar, de novo. Despejar numa fôrma previamente molhada – ou nas forminhas de muffins. Levar à geladeira. Ao servir, enfeitar com alguns morangos inteiros e com folhas de hortelã.

Bavaroise de manga

Ingredientes:

1 litro de água
10 folhas de gelatina, vermelhas, picadas
12 colheres, de sopa, cheias, de açúcar
4 claras, bem batidas, ao ponto de superneve
250g de polpas de manga, muito bem coadas
1 lata de creme de leite, levemente batido
Cerejas em conserva
Folhas de hortelã

Modo de fazer:

Levar a água à ebulição, com a gelatina e com o açúcar. Esperar que volte à temperatura ambiente. Paralelamente, combinar as claras e as polpas de manga. Incorporar à água com a gelatina. Misturar e remisturar. Juntar o creme de leite. Misturar e remisturar, de novo. Despejar numa fôrma previamente molhada – ou nas forminhas de muffins. Levar à geladeira. Ao servir, enfeitar com cerejas em conserva e com folhas de hortelã.

Bavaroise de maracujá

Ingredientes:

1 litro de água
10 folhas de gelatina, vermelhas, picadas
16 colheres, de sopa, cheias, de açúcar
4 claras, bem batidas, ao ponto de superneve
250g de polpas de maracujá, muito bem coadas
8 colheres, de sopa, de sementes de maracujá, na sua própria calda
1 lata de creme de leite, levemente batido
Folhas de hortelã

Modo de fazer:

Levar a água à ebulição, com a gelatina e com o açúcar. Esperar que volte à temperatura ambiente. Paralelamente, combinar as claras e as polpas de maracujá. Incorporar à água com a gelatina. Misturar e remisturar. Juntar o creme de leite. Misturar e remisturar, de novo. Despejar numa fôrma previamente molhada – ou, nas forminhas de muffins. Levar à geladeira. Ao servir, enfeitar com as sementes de maracujá e com as folhas de hortelã.

Bavaroise de coco

Ingredientes:

1 litro de água
10 folhas de gelatina, incolores, picadas
16 colheres, de sopa, cheias, de açúcar
4 claras, bem batidas, ao ponto de superneve
250g de leite de coco
1 lata de creme de leite, levemente batido
Geléia de frutas vermelhas
Coco bem raladinho

Modo de fazer:

Levar a água à ebulição, com a gelatina e com o açúcar. Esperar que volte à temperatura ambiente. Paralelamente, combinar as claras e o leite de coco. Incorporar à água com a gelatina. Misturar e remisturar. Juntar o creme de leite. Misturar e remisturar, de novo. Despejar numa fôrma previamente molhada – ou nas forminhas de muffins. Levar à geladeira. Ao servir, enfeitar com a geléia de frutas vermelhas e com o coco ralado.

Bavaroise de chocolate

Ingredientes:

½kg de chocolate, meio-amargo, finamente ralado

4 gemas

½ xícara, de chá, de água fria

1 envelope de gelatina em pó, incolor, sem sabor

1 xícara, de chá, de leite, bem quente

½ litro de creme de leite

½ xícara, de chá, de açúcar

Creme de Chantilly

Cerejas em conserva

Modo de fazer:

Em banho-maria, derreter o chocolate. Mexer e remexer, sem parar, com uma espátula. Agregar as gemas. Misturar e remisturar, muito bem. Paralelamente, na água fria, dissolver a gelatina. Juntar o leite quente. Misturar e remisturar. Coar. Agregar à pasta de chocolate. Misturar e remisturar. Também paralelamente, bater o creme de leite com o açúcar, cerca de dez minutos. Incorporar à pasta de chocolate. Misturar e remisturar. Despejar, numa fôrma previamente molhada – ou nas forminhas de muffins. Levar à geladeira por, ao menos, doze horas. Servir com o Chantilly e com as cerejas.

Mousse de banana

Ingredientes:

12 bananas nanicas, descascadas, picadas
O sumo, coado, de 1 limão
8 colheres, de sopa, de açúcar
3 folhas de gelatina, incolor, amolecidas em água fria
6 colheres, de sopa, de licor de cerejas
6 colheres, de sopa, de rum escuro
1 lata de creme de leite
Frutinhas vermelhas
Folhas de hortelã

Modo de fazer:

Num processador, bater as bananas, o sumo do limão e o açúcar. Levar ao fogo suave, virando e revirando, até que as bananas comecem a borbulhar. Agregar a gelatina. De novo, misturar e remisturar. Incorporar o licor e o rum. Mexer e remexer. Adicionar o creme de leite. Misturar e remisturar. Despejar, numa fôrma previamente molhada – ou nas forminhas de muffins. Levar à geladeira. Servir com as frutinhas e com a hortelã.

Mousse de laranja

Ingredientes:

1 xícara, de chá, de água fervente
2 envelopes de gelatina em pó, incolor, sem sabor
8 copos de suco de laranja, do tipo bahia ou de-umbigo, bem coado
1 colher, de sopa, de licor Cointreau
1 e ½ xícara, de chá, de açúcar
1 e ½ caixinha de creme de leite, tipo longa-vida
Morangos, cortados em lâminas elegantes
Folhas de hortelã

Modo de fazer:

Na água fervente, dissolver a gelatina. Agregar o suco de laranjas, o licor Cointreau e o açúcar. Bater e rebater, muito bem. Incorporar o creme de leite. Misturar, delicadamente. Despejar, numa fôrma previamente molhada – ou nas forminhas de muffins. Levar à geladeira. Ao servir, enfeitar com as lâminas dos morangos e com as folha de hortelã.

Mousse de limão

Ingredientes:

2 latas de leite condensado

14 colheres, de sopa, de sumo de limão, bem coado

6 claras, bem batidas, ao ponto de neve

Açúcar, a gosto

Morangos, cortados em lâminas elegantes

Raspas de casca de limão

Modo de fazer:

Num liqüidificador, bater o leite condensado e o sumo de limão. Incorporar as claras ao ponto de neve. Acertar o ponto do açúcar. Despejar, numa fôrma previamente molhada – ou nas forminhas de muffins. Levar à geladeira. Servir com os morangos e as raspas.

Mousse de maçãs

Ingredientes:

6 maçãs, Golden Delicious, sem as cascas e sem as sementes, em quartos
2 xícaras, de chá, de água
2 xícaras, de chá, de açúcar
12 folhas de gelatina, incolor, sem sabor, já amolecidas em água fria
1 e ½ caixinha de creme de leite, tipo longa-vida
6 claras, bem batidas, ao ponto de neve
Tirinhas, delgadas e elegantes, de casca de maçã
Folhinhas de alecrim, fresco

Modo de fazer:

Numa panela, cozinhar as maçãs com a água e com metade do açúcar. Ferver, até que a calda se reduza à metade, cerca de quinze minutos. Coar. Reservar a polpa das maçãs. Na calda, dissolver a gelatina. Recolocar no fogo, chama suave, a polpa das maçãs e o restante do açúcar. Cozinhar, por mais quinze minutos, com a panela tampada. Num liqüidificador, bater a calda com a gelatina, o purê de maçãs e o creme de leite. Retirar. Incorporar, delicadamente, as claras em neve. Despejar, numa fôrma previamente molhada – ou nas forminhas de muffins. Levar à geladeira. No momento de servir, enfeitar, charmosamente, com as tirinhas de casca de maçã e as folhinhas de alecrim.

Mousse de peras

Ingredientes:

8 peras, Williams, sem as cascas e sem as sementes, em quartos
2 xícaras, de chá, de água
2 xícaras, de chá, de açúcar
12 folhas de gelatina, incolor, sem sabor, já amolecidas em água fria
1 e ½ caixinha de creme de leite, tipo longa-vida
6 claras, bem batidas, ao ponto de neve
Tirinhas, delgadas e elegantes, de casca de pêra
Raspinhas de casca de laranja-de-umbigo

Modo de fazer:

Numa panela, cozinhar as peras com a água e com metade do açúcar. Ferver, até que a calda se reduza à metade, cerca de quinze minutos. Coar. Reservar a polpa das peras. Na calda, dissolver a gelatina. Recolocar no fogo, chama suave, a polpa das peras e o restante do açúcar. Cozinhar, por mais quinze minutos, com a panela tampada. Num liqüidificador, bater a calda com a gelatina, o purê de peras e o creme de leite. Retirar. Incorporar, delicadamente, as claras em neve. Despejar, numa fôrma previamente molhada – ou nas forminhas de muffins. Levar à geladeira. No momento de servir, enfeitar, charmosamente, com as tirinhas de casca de pêra e as raspas de laranja.

Mousse de nectarinas

Ingredientes:

10 nectarinas, sem as cascas e sem os caroços, em quartos
2 xícaras, de chá, de água
2 xícaras, de chá, de açúcar
12 folhas de gelatina, incolor, sem sabor, já amolecidas em água fria
1 e ½ caixinha de creme de leite, tipo longa-vida
6 claras, bem batidas, ao ponto de neve
Frutinhas silvestres, amoras, framboesas, pitangas etc...

Modo de fazer:

Numa panela, cozinhar as nectarinas com a água e com metade do açúcar. Ferver, até que a calda se reduza à metade, cerca de quinze minutos. Coar. Reservar a polpa das nectarinas. Na calda, dissolver a gelatina. Recolocar no fogo, chama suave, a polpa das nectarinas e o restante do açúcar. Cozinhar, por mais quinze minutos, a panela tampada. Num liqüidificador, bater a calda com a gelatina, o purê de nectarinas e o creme de leite. Retirar. Incorporar, delicadamente, as claras em neve. Despejar, numa fôrma previamente molhada – ou nas forminhas de muffins. Levar à geladeira. No momento de servir, enfeitar, charmosamente, com as frutinhas silvestres à sua disposição.

Mousse de queijo

Ingredientes:

1 vidro de requeijão cremoso
1 xícara, de chá, de parmesão ralado
1 xícara, de chá, de maionese
½ xícara, de chá, de água
2 envelopes de gelatina em pó, incolor, sem sabor
O sumo de 1 limão, coado
2 colheres, de sopa, de purê de cebola, peneiradinho
Sal e pimenta-do-reino, a gosto
Dadinhos de polpa de tomate
Folhinhas de manjericão

Modo de fazer:

Num processador, combinar todos os ingredientes. Acertar o ponto do sal e da pimenta-do-reino. Despejar, numa fôrma previamente molhada – ou nas forminhas de muffins. Levar à geladeira. Ao servir, enfeitar com os dadinhos de tomate e o manjericão.

Mousse de atum

Ingredientes:

3 latas de atum, sólido, em seu líquido natural
1 vidro, normal, de maionese
2 folhas de gelatina incolor, já amolecida em água fria
2 folhas de gelatina vermelha, já amolecida em água fria
4 claras, bem batidas, ao ponto de neve
Ketchup picante, sal e pimenta-do-reino, a gosto
Dadinhos de polpa de tomate
Tirinhas de picles de pepino

Modo de fazer:

Num processador, combinar o atum e a maionese, até que se transformem numa pasta bem homogênea. Passar numa peneira bem fina. Agregar a gelatina. Bater, agora num liqüidificador. Incorporar as claras. Temperar, a gosto, com o ketchup, o sal e a pimenta-do-reino. Despejar, numa fôrma previamente molhada – ou nas forminhas de muffins. Levar à geladeira. Ao servir, enfeitar com os dadinhos de tomate e as tiras de picles.

Mousse de salmão

Ingredientes:

500g de salmão defumado, ou marinado, bem picadinho
1 vidro, normal, de maionese
1 folhas de gelatina incolor, já amolecida em água fria
3 folhas de gelatina vermelha, já amolecida em água fria
4 claras, bem batidas, ao ponto de neve
Sal e pimenta-do-reino, a gosto
Folhinhas frescas de aneto ou dill

Modo de fazer:

Num processador, combinar o salmão e a maionese, até que se transformem numa pasta bem homogênea. Passar numa peneira bem fina. Agregar a gelatina. Bater, agora num liqüidificador. Incorporar as claras. Temperar, a gosto, com o sal e com a pimenta-do-reino. Despejar, numa fôrma previamente molhada – ou nas forminhas de muffins. Levar à geladeira. Ao servir, enfeitar com as folhinhas frescas de aneto ou dill.

Mousse de camarões

Ingredientes:

500g de camarões, já limpos, delicadamente cozidos no vapor, picadinhos
1 vidro, normal, de maionese
2 folhas de gelatina incolor, já amolecida em água fria
2 folhas de gelatina vermelha, já amolecida em água fria
6 claras, bem batidas, ao ponto de neve
Ketchup, sal e pimenta-do-reino, a gosto
Alguns outros camarões, também cozidos no vapor, com as caudas, cortados em Y.

Modo de fazer:

Num processador, combinar os camarões e a maionese, até que se transformem numa pasta bem homogênea. Passar numa peneira bem fina. Agregar a gelatina. Bater, agora num liqüidificador. Incorporar as claras. Temperar, a gosto, com o ketchup, com o sal e a pimenta-do-reino. Despejar, numa fôrma previamente molhada – ou nas forminhas de muffins. Levar à geladeira. Ao servir, enfeitar com os camarões cortados em Y.

Mousse de presunto

Ingredientes:

500g de presunto cozido, sem gorduras, bem picadinho
1 vidro, normal, de maionese
3 folhas de gelatina incolor, já amolecida em água fria
1 folhas de gelatina vermelha, já amolecida em água fria
6 claras, bem batidas, ao ponto de neve
Sal e pimenta-do-reino, a gosto
Mostarda amarela e mostarda escura
Salsinha verde, bem picadinha

Modo de fazer:

Num processador, combinar o presunto e a maionese, até que se transformem numa pasta bem homogênea. Passar numa peneira bem fina. Agregar a gelatina. Bater, agora num liqüidificador. Incorporar as claras. Temperar, a gosto, com o sal e com a pimenta-do-reino. Despejar, numa fôrma previamente molhada – ou nas forminhas de muffins. Levar à geladeira. Ao servir, decorar com riscos entrelaçados das duas mostardas.

PIZZAS E OUTRAS GLÓRIAS DE FORNO DO SL

Pizza brotinho

Ingredientes:

Água morna, à temperatura de banho de bebê
1 tablete de fermento biológico
1 colher, de chá, de açúcar
200g de farinha de trigo
1 colher, de sopa, de azeite de oliva
1 colher, de sopa, de sal
3 tomates, sem as sementes, passados no moedor manual de carne
Mais azeite e mais sal
Orégano
A cobertura da sua predileção

Modo de fazer:

Numa xícara de chá com um pouquinho de água morna, colocar o fermento e o açúcar. Esperar que o fermento se dissolva. Numa bacia de tamanho adequado, colocar a farinha, o azeite, o sal e o fermento desmanchado. Aos poucos, agregar água morna, mexendo com uma só mão, como se fosse uma espátula. A massa fica pronta quando começa a se desgrudar da pele. Então, com as duas mãos, sová-la por alguns instantes. Cobrir com um pano pesado. Esperar que dobre de tamanho. Abrir a massa, no tamanho da fôrma desejada. Colocar a massa na fôrma. Colocar um pouco dos tomates, já temperados com azeite, sal e orégano. Levar ao forno forte, preaquecido, até que a moldura da massa, o *cornicione* da pizza, se mostre crescido e dourado. Então, colocar mais molho e a cobertura da sua predileção. Devolver ao forno, mais alguns minutos.

Pizza fingida

Ingredientes:

12 ovos, gemas e claras, muito bem batidos
Sal e orégano, a gosto
Azeite de oliva
3 tomates, sem as sementes, passados no moedor manual de carne
A cobertura da sua predileção

Modo de fazer:

Temperar os ovos com o sal e com o orégano. Agregar um fio de azeite. Misturar, muito bem. Despejar na fôrma. Levar ao forno, médio, em banho-maria, até que a massa se mostre firme e seca no seu topo. Espalhar o molho dos tomates, já temperado com um pouco de azeite, sal e orégano. Colocar a cobertura da sua predileção. Devolver ao forno, o tempo suficiente para que a cobertura atinja o seu ponto justo de temperatura.

Empadão assado da Vivi

Ingredientes para quatro pessoas:

750kg de farinha de trigo, bem peneirada
3 ovos
2 colheres, de mesa, de banha de porco
2 colheres, de sopa, de cachaça
Salmoura, ou água com sal, a gosto
1 colher, de chá, de fermento em pó
2 e ½ xícaras, de chá, de camarões graúdos, limpos, cortados nas suas juntas
1/3 de xícara, de chá, de palmito picadinho
1/3 de xícara, de chá, de polpa peneirada de tomate
1/3 xícara, de chá, de creme de leite, levemente batido
½ xícara, de chá, de queijo do tipo queijo-de-minas, bem curado, raladinho
Sal
Pimenta-do-reino
Pitadas de noz-moscada
Mais algumas gemas de ovo, para pincelar o topo do empadão

Modo de fazer:

Numa terrina, misturar a farinha, os ovos, a banha, a cachaça e um tico de salmoura, o necessário até obter uma massa bem lisa e bem brilhante. Guardar, sob um guardanapo, por ao menos uma hora. Paralelamente, preparar o recheio, combinando os camarões, o palmito, as polpas de tomate, o creme de leite e o queijo curado. Temperar com o sal, com a pimenta-do-reino e com a noz-moscada, a gosto. Numa superfície bem enfarinhada, abrir a massa, até que fique com cerca de 5mm de espessura e o tamanho suficiente para ocupar toda a fôrma, no fundo e nos lados – e ainda sobrar uma tampa. Preencher a fôrma com a mescla de camarões et cetera. Daí, cobrir o empadão, selando as suas bordas com um pouco das gemas e comprimindo com a ponta de um garfo. Pincelar muito bem o topo dos empadões com o restante das gemas. Furar a tampa, aqui e ali, com um palito, de modo que o seu interior consiga respirar no calor. Levar ao forno médio, preaquecido, até que a massa fique elegantemente bronzeada.

Empadão assado do SL (I)

Ingredientes, para quatro pessoas:

750g de farinha de trigo, bem peneirada
3 ovos
2 colheres, de mesa, de banha de porco
2 colheres, de sopa, de cachaça
Salmoura, ou água com sal, a gosto
1 colher, de chá, de fermento em pó
2/3 de xícara, de chá, de grãos de milho, dos bem douradinhos
1 e ½ xícara, de chá, de carne de frango, coxas e peito, já cozida e já desfiadinha
1/3 de xícara, de chá, de palmito picadinho
1/3 de xícara, de chá, de polpa peneirada de tomates
1/3 xícara, de chá, de creme de leite, levemente batido
½ xícara, de chá, de queijo do tipo queijo-de-minas, bem curado, raladinho
Sal
Pimenta-do-reino
Pitadas de noz-moscada
Mais algumas gemas de ovo, para pincelar o topo do empadão

Modo de fazer:

Numa terrina, misturar a farinha, os ovos, a banha, a cachaça e um tico de salmoura, o necessário até obter uma massa bem lisa e bem brilhante. Guardar, sob um guardanapo, por ao menos uma hora. Paralelamente, preparar o recheio, combinando o milho, a carne do frango, o palmito, a polpa de tomates, o creme de leite e o queijo curado. Temperar com o sal, com a pimenta-do-reino e com a noz-moscada, a gosto. Numa superfície bem enfarinhada, abrir a massa, até que fique com cerca de 5mm de espessura e o tamanho suficiente para ocupar toda a fôrma, no fundo e nos lados – e ainda sobrar uma tampa. Preencher a fôrma com a mescla de frango et cetera. Daí, cobrir o empadão, selando as suas bordas com um pouco das gemas e comprimindo com a ponta de um garfo. Pincelar muito bem o topo dos empadões com o restante das gemas. Furar a tampa, aqui e ali, com um palito, de modo que o seu interior consiga respirar no calor. Levar ao forno médio, preaquecido, até que a massa fique elegantemente bronzeada.

EMPADÃO ASSADO DO SL (II)

Ingredientes, para quatro pessoas:

750kg de farinha de trigo, bem peneirada
3 ovos
2 colheres, de mesa, de banha de porco
2 colheres, de sopa, de cachaça
Salmoura, ou água com sal, a gosto
1 colher, de chá, de fermento em pó
2/3 de xícara, de chá, de grãos de milho, dos bem douradinhos
1 e ½ xícara, de chá, de carne moída, preferivelmente patinho, já refogada
1/3 de xícara, de chá, de palmito picadinho
1/3 de xícara, de chá, de polpa peneirada de tomates
1/3 de xícara, de chá, de creme de leite, levemente batido
½ xícara, de chá, de queijo do tipo queijo-de-minas, bem curado, raladinho
Sal
Pimenta-do-reino
Pitadas de noz-moscada
Mais algumas gemas de ovo, para pincelar o topo do empadão

Modo de fazer:

Numa terrina, misturar a farinha, os ovos, a banha, a cachaça e um tico de salmoura, o necessário até obter uma massa bem lisa e bem brilhante. Guardar, sob um guardanapo, por ao menos uma hora. Paralelamente, preparar o recheio, combinando o milho, a carne moída, o palmito, as polpas de tomate, o creme de leite e o queijo curado. Temperar com o sal, com a pimenta-do-reino e com a noz-moscada, a gosto. Numa superfície bem enfarinhada, abrir a massa, até que fique com cerca de 5mm de espessura e o tamanho suficiente para ocupar toda a fôrma, no fundo e nos lados – e ainda sobrar uma tampa. Preencher a fôrma com a mescla de carne moída et cetera. Daí, cobrir o empadão, selando as suas bordas com um pouco das gemas e comprimindo com a ponta de um garfo. Pincelar muito bem o topo dos empadões com o restante das gemas. Furar a tampa, aqui e ali, com um palito, de modo que o seu interior consiga respirar no calor. Levar ao forno médio, preaquecido, até que a massa fique elegantemente bronzeada.

Torta caipira de camarões e batatas

Ingredientes, para uma fôrma:

750g de farinha de trigo, bem peneirada
2 colheres, de sopa, cheias, de manteiga amolecida, à temperatura ambiente
2 colheres, de sopa, cheias, de banha de porco
2 ovos, inteiros, e mais 1 gema
Salmoura
Azeite de oliva
1 cebola, branca, graúda, bem trituradinha
750g de camarões, pesados depois de completamente limpos
½ xícara, de chá, de vinho branco, bem seco
¾ de xícara, de chá, de polpas peneiradas de tomate
⅓ de xícara, de chá, de creme de leite, levemente batido
2 batatas, holandesas, descascadas, cozidas, cortadas em dadinhos
2 colheres, de sopa, cheias, de salsinha verde, bem picadinha
Sal
Pimenta-do-reino
Noz-moscada
Queijo do tipo queijo-de-minas, muito bem curado, raladinho
Mais 1 gema de ovo, diluída em manteiga derretida, para pincelar o topo da torta

Modo de fazer:

Misturar a farinha, a manteiga, a banha, os ovos, a gema e um pouco de salmoura, o suficiente para obter uma massa homogeneizada. Deixar que descanse por uma hora. Enquanto isso, numa panela, aquecer um fundo de azeite. Murchar a cebola e, em fogo médio, refogar os camarões. Despejar o vinho. Misturar. Levar à fervura. Rebaixar o calor. Cozinhar, cinco minutos. Incorporar as polpas de tomate. Misturar. Reduzir por alguns instantes. Incorporar o creme de leite. Virar e revirar. Retirar do calor. Agregar as batatas e a salsinha. Misturar. Acertar o ponto do sal, da pimenta-do-reino e da noz-moscada. Acrescentar o queijo raladinho, a gosto. Remisturar. Abrir 2/3 da massa, meio centímetro de espessura. Forrar o fundo e os lados da fôrma. Preencher a fôrma com o recheio de camarões et cetera, pressionando bem, a fim de evitar os grumos e os vazios. Abrir o restante da massa, na mesma espessura. Cobrir a torta, eliminando as sobras e selando todas as bordas com os dedos molhados em água gelada. Pincelar o topo da torta com a gema diluída em manteiga derretida. Furar a tampa, aqui e ali, com um palito, de modo que o interior transpire. Levar ao forno médio, preaquecido, até que a massa se mostre bem douradinha. Retirar. Repincelar. Pulverizar o topo da torta com bastante queijo ralado. Devolver ao forno, até que a tampa se gratine.

Torta caipira de carne e batata

Ingredientes para uma fôrma:

750g de farinha de trigo, bem peneirada
2 colheres, de sopa, cheias, de manteiga amolecida, à temperatura ambiente
2 colheres, de sopa, cheias, de banha de porco
2 ovos, inteiros, e mais 1 gema
Salmoura
Azeite de oliva
1 cebola, branca, graúda, bem trituradinha
750g de patinho, sem gorduras e sem nervos, finamente moído
½ xícara, de chá, de vinho tinto, bem seco
¾ de xícara, de chá, de polpas peneiradas de tomate
1/3 de xícara, de chá, de creme de leite, levemente batido
2 batatas, holandesas, descascadas, cozidas, cortadas em dadinhos
2 colheres, de sopa, cheias, de salsinha verde, bem picadinha
Sal
Pimenta-do-reino
Noz-moscada
Queijo do tipo queijo-de-minas, muito bem curado, raladinho
Mais 1 gema de ovo, diluída em manteiga derretida, para pincelar o topo da torta

Modo de fazer:

Misturar a farinha, a manteiga, a banha, os ovos, a gema e um pouco de salmoura, o suficiente para obter uma massa homogeneizada. Deixar que descanse por uma hora. Enquanto isso, numa panela, aquecer um fundo de azeite. Murchar a cebola e, em fogo médio, refogar a carne moída. Despejar o vinho. Misturar. Levar à fervura. Rebaixar o calor. Cozinhar, cinco minutos. Incorporar as polpas de tomate. Misturar. Reduzir por alguns instantes. Incorporar o creme de leite. Virar e revirar. Retirar do calor. Agregar as batatas e a salsinha. Misturar. Acertar o ponto do sal, da pimenta-do-reino e da noz-moscada. Acrescentar o queijo raladinho, a gosto. Remisturar. Abrir 2/3 da massa, meio centímetro de espessura. Forrar o fundo e os lados da fôrma. Preencher a fôrma com o recheio de carne moída et cetera, pressionando bem, a fim de evitar os grumos e os vazios. Abrir o restante da massa, na mesma espessura. Cobrir a torta, eliminando as sobras e selando todas as bordas com os dedos molhados em água gelada. Pincelar o topo da torta com a gema diluída em manteiga derretida. Furar a tampa, aqui e ali, com um palito, de modo que o interior transpire. Levar ao forno médio, preaquecido, até que a massa se mostre bem douradinha. Retirar. Repincelar. Pulverizar o topo da torta com bastante queijo ralado. Devolver ao forno, até que a tampa se gratine.

Sobre o Autor

Arquiteto e jornalista, Sílvio Lancellotti decidiu profissionalizar os seus *hobbies.* Desde a década de 80, ele se dedica de maneira quase exclusiva à Gastronomia e ao Esporte, as suas maiores paixões, depois da família, é claro, e dos seus cachorros. Já correu o mundo, das Bermudas à Itália, como organizador de festivais de culinária. Na Suécia, além de pessoalmente servir os monarcas Carlos Gustavo e Sylvia Renata, cuidou da reciclagem dos chefes de cozinha do palácio real. Como jornalista, trabalhou em alguns dos mais importantes veículos de comunicação do país. Escreveu quase uma dezena de livros sobre gastronomia, futebol, Copa do Mundo e um vasto e completíssimo trabalho sobre a história das Olimpíadas, *Olimpíada – 100 anos.* Além de escrever, Sílvio Lancellotti apresenta programas de culinária e comenta o futebol internacional em emissoras de TV.

Coleção **L&PM** POCKET

1.**Catálogo geral da Coleção**
2.**Poesias** – Fernando Pessoa
3.**O livro dos sonetos** – org. Sergio Faraco
4.**Hamlet** – Shakespeare / trad. Millôr
5.**Isadora, frag. autobiográficos** – Isadora Duncan
6.**Histórias sicilianas** – G. Lampedusa
7.**O relato de Arthur Gordon Pym** – Edgar A. Poe
8.**A mulher mais linda da cidade** – Bukowski
9.**O fim de Montezuma** – Hernan Cortez
10.**A ninfomania** – D. T. Bienville
11.**As aventuras de Robinson Crusoé** – D. Defoe
12.**Histórias de amor** – A. Bioy Casares
13.**Armadilha mortal** – Roberto Arlt
14.**Contos de fantasmas** – Daniel Defoe
15.**Os pintores cubistas** – G. Apollinaire
16.**A morte de Ivan Ilitch** – L.Tolstói
17.**A desobediência civil** – D. H. Thoreau
18.**Liberdade, liberdade** – F. Rangel e M. Fernandes
19.**Cem sonetos de amor** – Pablo Neruda
20.**Mulheres** – Eduardo Galeano
21.**Cartas a Théo** – Van Gogh
22.**Don Juan** – Molière / Trad. Millôr Fernandes
24.**Horla** – Guy de Maupassant
25.**O caso de Charles Dexter Ward** – Lovecraft
26.**Vathek** – William Beckford
27.**Hai-Kais** – Millôr Fernandes
28.**Adeus, minha adorada** – Raymond Chandler
29.**Cartas portuguesas** – Mariana Alcoforado
30.**A mensageira das violetas** – Florbela Espanca
31.**Espumas flutuantes** – Castro Alves
32.**Dom Casmurro** – Machado de Assis
34.**Alves & Cia.** – Eça de Queiroz
35.**Uma temporada no inferno** – A. Rimbaud
36.**A corresp. de Fradique Mendes** – Eça de Queiroz
38.**Antologia poética** – Olavo Bilac
39.**O rei Lear** – Shakespeare
40.**Memórias póstumas de Brás Cubas** – M. de Assis
41.**Que loucura!** – Woody Allen
42.**O duelo** – Casanova
44.**Gentidades** – Darcy Ribeiro
45.**Mem. de um Sarg. de Milícias** – M. A. de Almeida
46.**Os escravos** – Castro Alves
47.**O desejo pego pelo rabo** – Pablo Picasso
48.**Os inimigos** – Máximo Gorki
49.**O colar de veludo** – Alexandre Dumas
50.**Livro dos bichos** – Vários
51.**Quincas Borba** – Machado de Assis
53.**O exército de um homem só** – Moacyr Scliar
54.**Frankenstein** – Mary Shelley
55.**Dom Segundo Sombra** – Ricardo Güiraldes
56.**De vagões e vagabundos** – Jack London
57.**O homem bicentenário** – Isaac Asimov
58.**A viuvinha** – José de Alencar
59.**Livro das cortesãs** – org. de Sergio Faraco
60.**Últimos poemas** – Pablo Neruda
61.**A moreninha** – Joaquim Manuel de Macedo
62.**Cinco minutos** – José de Alencar
63.**Saber envelhecer e a amizade** – Cícero
64.**Enquanto a noite não chega** – J. Guimarães
65.**Tufão** – Joseph Conrad
66.**Aurélia** – Gérard de Nerval
67.**I-Juca-Pirama** – Gonçalves Dias
68.**Fábulas** – Esopo
69.**Teresa Filósofa** – Anônimo do Séc. XVIII
70.**Avent. inéditas de Sherlock Holmes** – A. C. Doyle
71.**Quintana de bolso** – Mario Quintana
72.**Antes e depois** – Paul Gauguin
73.**A morte de Olivier Bécaille** – Émile Zola
74.**Iracema** – José de Alencar
75.**Iaiá Garcia** – Machado de Assis
76.**Utopia** – Tomás Morus
77.**Sonetos para amar o amor** – Camões
78.**Carmem** – Prosper Mérimée
79.**Senhora** – José de Alencar
80.**Hagar, o horrível 1** – Dik Browne
81.**O coração das trevas** – Joseph Conrad
82.**Um estudo em vermelho** – Arthur Conan Doyle
83.**Todos os sonetos** – Augusto dos Anjos
84.**A propriedade é um roubo** – P.-J. Proudhon
85.**Drácula** – Bram Stoker
86.**O marido complacente** – Sade
87.**De profundis** – Oscar Wilde
88.**Sem plumas** – Woody Allen
89.**Os bruzundangas** – Lima Barreto
90.**O cão dos Baskervilles** – Arthur Conan Doyle
91.**Paraísos artificiais** – Charles Baudelaire
92.**Cândido, ou o otimismo** – Voltaire
93.**Triste fim de Policarpo Quaresma** – Lima Barreto
94.**Amor de perdição** – Camilo Castelo Branco
95.**A megera domada** – Shakespeare / trad. Millôr
96.**O mulato** – Aluísio Azevedo
97.**O alienista** – Machado de Assis
98.**O livro dos sonhos** – Jack Kerouac
99.**Noite na taverna** – Álvares de Azevedo
100.**Aura** – Carlos Fuentes
102.**Contos gauchescos e Lendas do sul** – Simões Lopes Neto
103.**O cortiço** – Aluísio Azevedo
104.**Marília de Dirceu** – T. A. Gonzaga
105.**O Primo Basílio** – Eça de Queiroz
106.**O ateneu** – Raul Pompéia
107.**Um escândalo na Boêmia** – Arthur Conan Doyle
108.**Contos** – Machado de Assis
109.**200 Sonetos** – Luis Vaz de Camões
110.**O príncipe** – Maquiavel
111.**A escrava Isaura** – Bernardo Guimarães
112.**O solteirão nobre** – Conan Doyle
114.**Shakespeare de A a Z** – Shakespeare
115.**A relíquia** – Eça de Queiroz
117.**Livro do corpo** – Vários
118.**Lira dos 20 anos** – Álvares de Azevedo
119.**Esaú e Jacó** – Machado de Assis
120.**A barcarola** – Pablo Neruda
121.**Os conquistadores** – Júlio Verne
122.**Contos breves** – G. Apollinaire
123.**Taipi** – Herman Melville
124.**Livro dos desaforos** – org. de Sergio Faraco
125.**A mão e a luva** – Machado de Assis

126.**Doutor Miragem** – Moacyr Scliar
127.**O penitente** – Isaac B. Singer
128.**Diários da descoberta da América** – C.Colombo
129.**Édipo Rei** – Sófocles
130.**Romeu e Julieta** – Shakespeare
131.**Hollywood** – Charles Bukowski
132.**Billy the Kid** – Pat Garrett
133.**Cuca fundida** – Woody Allen
134.**O jogador** – Dostoiévski
135.**O livro da selva** – Rudyard Kipling
136.**O vale do terror** – Arthur Conan Doyle
137.**Dançar tango em Porto Alegre** – S. Faraco
138.**O gaúcho** – Carlos Reverbel
139.**A volta ao mundo em oitenta dias** – J. Verne
140.**O livro dos esnobes** – W. M. Thackeray
141.**Amor & morte em Poodle Springs** – Raymond Chandler & R. Parker
142.**As aventuras de David Balfour** – Stevenson
143.**Alice no país das maravilhas** – Lewis Carroll
144.**A ressurreição** – Machado de Assis
145.**Inimigos, uma história de amor** – I. Singer
146.**O Guarani** – José de Alencar
147.**A cidade e as serras** – Eça de Queiroz
148.**Eu e outras poesias** – Augusto dos Anjos
149.**A mulher de trinta anos** – Balzac
150.**Pomba enamorada** – Lygia F. Telles
151.**Contos fluminenses** – Machado de Assis
152.**Antes de Adão** – Jack London
153.**Intervalo amoroso** – A.Romano de Sant'Anna
154.**Memorial de Aires** – Machado de Assis
155.**Naufrágios e comentários** – Cabeza de Vaca
156.**Ubirajara** – José de Alencar
157.**Textos anarquistas** – Bakunin
159.**Amor de salvação** – Camilo Castelo Branco
160.**O gaúcho** – José de Alencar
161.**O livro das maravilhas** – Marco Polo
162.**Inocência** – Visconde de Taunay
163.**Helena** – Machado de Assis
164.**Uma estação de amor** – Horácio Quiroga
165.**Poesia reunida** – Martha Medeiros
166.**Memórias de Sherlock Holmes** – Conan Doyle
167.**A vida de Mozart** – Stendhal
168.**O primeiro terço** – Neal Cassady
169.**O mandarim** – Eça de Queiroz
170.**Um espinho de marfim** – Marina Colasanti
171.**A ilustre Casa de Ramires** – Eça de Queiroz
172.**Lucíola** – José de Alencar
173.**Antígona** – Sófocles – trad. Donaldo Schüler
174.**Otelo** – William Shakespeare
175.**Antologia** – Gregório de Matos
176.**A liberdade de imprensa** – Karl Marx
177.**Casa de pensão** – Aluísio Azevedo
178.**São Manuel Bueno, Mártir** – Unamuno
179.**Primaveras** – Casimiro de Abreu
180.**O noviço** – Martins Pena
181.**O sertanejo** – José de Alencar
182.**Eurico, o presbítero** – Alexandre Herculano
183.**O signo dos quatro** – Conan Doyle
184.**Sete anos no Tibet** – Heinrich Harrer
185.**Vagamundo** – Eduardo Galeano
186.**De repente acidentes** – Carl Solomon
187.**As minas de Salomão** – Rider Haggar
188.**Uivo** – Allen Ginsberg
189.**A ciclista solitária** – Conan Doyle
190.**Os seis bustos de Napoleão** – Conan Doyle
191.**Cortejo do divino** – Nelida Piñon
194.**Os crimes do amor** – Marquês de Sade
195.**Besame Mucho** – Mário Prata
196.**Tuareg** – Alberto Vázquez-Figueroa
197.**O longo adeus** – Raymond Chandler
199.**Notas de um velho safado** – C. Bukowski
200.**111 ais** – Dalton Trevisan
201.**O nariz** – Nicolai Gogol
202.**O capote** – Nicolai Gogol
203.**Macbeth** – William Shakespeare
204.**Heráclito** – Donaldo Schüler
205.**Você deve desistir, Osvaldo** – Cyro Martins
206.**Memórias de Garibaldi** – A. Dumas
207.**A arte da guerra** – Sun Tzu
208.**Fragmentos** – Caio Fernando Abreu
209.**Festa no castelo** – Moacyr Scliar
210.**O grande deflorador** – Dalton Trevisan
212.**Homem do princípio ao fim** – Millôr Fernandes
213.**Aline e seus dois namorados (1)** – A. Iturrusgarai
214.**A juba do leão** – Sir Arthur Conan Doyle
215.**Assassino metido a esperto** – R. Chandler
216.**Confissões de um comedor de ópio** – T.De Quincey
217.**Os sofrimentos do jovem Werther** – Goethe
218.**Fedra** – Racine / Trad. Millôr Fernandes
219.**O vampiro de Sussex** – Conan Doyle
220.**Sonho de uma noite de verão** – Shakespeare
221.**Dias e noites de amor e de guerra** – Galeano
222.**O Profeta** – Khalil Gibran
223.**Flávia, cabeça, tronco e membros** – M. Fernandes
224.**Guia da ópera** – Jeanne Suhamy
225.**Macário** – Álvares de Azevedo
226.**Etiqueta na prática** – Celia Ribeiro
227.**Manifesto do partido comunista** – Marx & Engels
228.**Poemas** – Millôr Fernandes
229.**Um inimigo do povo** – Henrik Ibsen
230.**O paraíso destruído** – Frei B. de las Casas
231.**O gato no escuro** – Josué Guimarães
232.**O mágico de Oz** – L. Frank Baum
233.**Armas no Cyrano's** – Raymond Chandler
234.**Max e os felinos** – Moacyr Scliar
235.**Nos céus de Paris** – Alcy Cheuiche
236.**Os bandoleiros** – Schiller
237.**A primeira coisa que eu botei na boca** – Deonísio da Silva
238.**As aventuras de Simbad, o marújo**
239.**O retrato de Dorian Gray** – Oscar Wilde
240.**A carteira de meu tio** – J. Manuel de Macedo
241.**A luneta mágica** – J. Manuel de Macedo
242.**A metamorfose** – Kafka
243.**A flecha de ouro** – Joseph Conrad
244.**A ilha do tesouro** – R. L. Stevenson
245.**Marx - Vida & Obra** – José A. Giannotti
246.**Gênesis**
247.**Unidos para sempre** – Ruth Rendell
248.**A arte de amar** – Ovídio
249.**O sono eterno** – Raymond Chandler
250.**Novas receitas do Anonymus Gourmet** – J.A.P.M.
251.**A nova catacumba** – Arthur Conan Doyle
252.**Dr. Negro** – Arthur Conan Doyle
253.**Os voluntários** – Moacyr Scliar
254.**A bela adormecida** – Irmãos Grimm

255.**O príncipe sapo** – Irmãos Grimm
256.**Confissões** *e* **Memórias** – H. Heine
257.**Viva o Alegrete** – Sergio Faraco
258.**Vou estar esperando** – R. Chandler
259.**A senhora Beate e seu filho** – Schnitzler
260.**O ovo apunhalado** – Caio Fernando Abreu
261.**O ciclo das águas** – Moacyr Scliar
262.**Millôr Definitivo** – Millôr Fernandes
264.**Viagem ao centro da Terra** – Júlio Verne
265.**A dama do lago** – Raymond Chandler
266.**Caninos brancos** – Jack London
267.**O médico e o monstro** – R. L. Stevenson
268.**A tempestade** – William Shakespeare
269.**Assassinatos na rua Morgue** – E. Allan Poe
270.**99 corruíras nanicas** – Dalton Trevisan
271.**Broquéis** – Cruz e Sousa
272.**Mês de cães danados** – Moacyr Scliar
273.**Anarquistas – vol. 1 – A idéia** – G. Woodcock
274.**Anarquistas – vol. 2 – O movimento** – G. Woodcock
275.**Pai e filho, filho e pai** – Moacyr Scliar
276.**As aventuras de Tom Sawyer** – Mark Twain
277.**Muito barulho por nada** – W. Shakespeare
278.**Elogio da loucura** – Erasmo
279.**Autobiografia de Alice B. Toklas** – G. Stein
280.**O chamado da floresta** – J. London
281.**Uma agulha para o diabo** – Ruth Rendell
282.**Verdes vales do fim do mundo** – A. Bivar
283.**Ovelhas negras** – Caio Fernando Abreu
284.**O fantasma de Canterville** – O. Wilde
285.**Receitas de Yayá Ribeiro** – Celia Ribeiro
286.**A galinha degolada** – H. Quiroga
287.**O último adeus de Sherlock Holmes** – A. Conan Doyle
288.**A. Gourmet** *em* **Histórias de cama & mesa** – J. A. Pinheiro Machado
289.**Topless** – Martha Medeiros
290.**Mais receitas do Anonymus Gourmet** – J. A. Pinheiro Machado
291.**Origens do discurso democrático** – D. Schüler
292.**Humor politicamente incorreto** – Nani
293.**O teatro do bem e do mal** – E. Galeano
294.**Garibaldi & Manoela** – J. Guimarães
295.**10 dias que abalaram o mundo** – John Reed
296.**Numa fria** – Charles Bukowski
297.**Poesia de Florbela Espanca** vol. 1
298.**Poesia de Florbela Espanca** vol. 2
299.**Escreva certo** – E. Oliveira e M. E. Bernd
300.**O vermelho e o negro** – Stendhal
301.**Ecce homo** – Friedrich Nietzsche
302(7).**Comer bem, sem culpa** – Dr. Fernando Lucchese, A. Gourmet e Iotti
303.**O livro de Cesário Verde** – Cesário Verde
305.**100 receitas de macarrão** – S. Lancellotti
306.**160 receitas de molhos** – S. Lancellotti
307.**100 receitas light** – H. e Â. Tonetto
308.**100 receitas de sobremesas** – Celia Ribeiro
309.**Mais de 100 dicas de churrasco** – Leon Diziekaniak
310.**100 receitas de acompanhamentos** – C. Cabeda
311.**Honra ou vendetta** – S. Lancellotti
312.**A alma do homem sob o socialismo** – Oscar Wilde
313.**Tudo sobre Yôga** – Mestre De Rose
314.**Os varões assinalados** – Tabajara Ruas
315.**Édipo em Colono** – Sófocles
316.**Lisístrata** – Aristófanes / trad. Millôr
317.**Sonhos de Bunker Hill** – John Fante
318.**Os deuses de Raquel** – Moacyr Scliar
319.**O colosso de Marússia** – Henry Miller
320.**As eruditas** – Molière / trad. Millôr
321.**Radicci 1** – Iotti
322.**Os Sete contra Tebas** – Ésquilo
323.**Brasil Terra à vista** – Eduardo Bueno
324.**Radicci 2** – Iotti
325.**Júlio César** – William Shakespeare
326.**A carta de Pero Vaz de Caminha**
327.**Cozinha Clássica** – Sílvio Lancellotti
328.**Madame Bovary** – Gustave Flaubert
329.**Dicionário do viajante insólito** – M. Scliar
330.**O capitão saiu para o almoço...** – Bukowski
331.**A carta roubada** – Edgar Allan Poe
332.**É tarde para saber** – Josué Guimarães
333.**O livro de bolso da Astrologia** – Maggy Harrisonx e Mellina Li
334.**1933 foi um ano ruim** – John Fante
335.**100 receitas de arroz** – Aninha Comas
336.**Guia prático do Português correto – vol. 1** – Cláudio Moreno
337.**Bartleby, o escriturário** – H. Melville
338.**Enterrem meu coração na curva do rio** – Dee Brown
339.**Um conto de Natal** – Charles Dickens
340.**Cozinha sem segredos** – J. A. P. Machado
341.**A dama das Camélias** – A. Dumas Filho
342.**Alimentação saudável** – H. e Â. Tonetto
343.**Continhos galantes** – Dalton Trevisan
344.**A Divina Comédia** – Dante Alighieri
345.**A Dupla Sertanojo** – Santiago
346.**Cavalos do amanhecer** – Mario Arregui
347.**Biografia de Vincent van Gogh por sua cunhada** – Jo van Gogh-Bonger
348.**Radicci 3** – Iotti
349.**Nada de novo no front** – E. M. Remarque
350.**A hora dos assassinos** – Henry Miller
351.**Flush - Memórias de um cão** – Virginia Woolf
352.**A guerra no Bom Fim** – M. Scliar
353(1).**O caso Saint-Fiacre** – Simenon
354(2).**Morte na alta sociedade** – Simenon
355(3).**O cão amarelo** – Simenon
356(4).**Maigret e o homem do banco** – Simenon
357.**As uvas e o vento** – Pablo Neruda
358.**On the road** – Jack Kerouac
359.**O coração amarelo** – Pablo Neruda
360.**Livro das perguntas** – Pablo Neruda
361.**Noite de Reis** – William Shakespeare
362.**Manual de Ecologia** – vol.1 – J. Lutzenberger
363.**O mais longo dos dias** – Cornelius Ryan
364.**Foi bom prá você?** – Nani
365.**Crepusculário** – Pablo Neruda
366.**A comédia dos erros** – Shakespeare
367(5).**A primeira investigação de Maigret** – Simenon
368(6).**As férias de Maigret** – Simenon
369.**Mate-me por favor (vol.1)** – L. McNeil
370.**Mate-me por favor (vol.2)** – L. McNeil
371.**Carta ao pai** – Kafka
372.**Os vagabundos iluminados** – J. Kerouac
373(7).**O enforcado** – Simenon

374(8).**A fúria de Maigret** – Simenon
375.**Vargas, uma biografia política** – H. Silva
376.**Poesia reunida (vol.1)** – A. R. de Sant'Anna
377.**Poesia reunida (vol.2)** – A. R. de Sant'Anna
378.**Alice no país do espelho** – Lewis Carroll
379.**Residência na Terra 1** – Pablo Neruda
380.**Residência na Terra 2** – Pablo Neruda
381.**Terceira Residência** – Pablo Neruda
382.**O delírio amoroso** – Bocage
383.**Futebol ao sol e à sombra** – E. Galeano
384(9).**O porto das brumas** – Simenon
385(10).**Maigret e seu morto** – Simenon
386.**Radicci 4** – Iotti
387.**Boas maneiras & sucesso nos negócios** – Celia Ribeiro
388.**Uma história Farroupilha** – M. Scliar
389.**Na mesa ninguém envelhece** – J. A. P. Machado
390.**200 receitas inéditas do Anonymus Gourmet** – J. A. Pinheiro Machado
391.**Guia prático do Português correto – vol.2** – Cláudio Moreno
392.**Breviário das terras do Brasil** – Assis Brasil
393.**Cantos Cerimoniais** – Pablo Neruda
394.**Jardim de Inverno** – Pablo Neruda
395.**Antonio e Cleópatra** – William Shakespeare
396.**Tróia** – Cláudio Moreno
397.**Meu tio matou um cara** – Jorge Furtado
398.**O anatomista** – Federico Andahazi
399.**As viagens de Gulliver** – Jonathan Swift
400.**Dom Quixote –** (v. 1) – Miguel de Cervantes
401.**Dom Quixote –** (v. 2) – Miguel de Cervantes
402.**Sozinho no Pólo Norte** – Thomaz Brandolin
403.**Matadouro 5** – Kurt Vonnegut
404.**Delta de Vênus** – Anaïs Nin
405.**O melhor de Hagar 2** – Dik Browne
406.**É grave Doutor?** – Nani
407.**Orai pornô** – Nani
408(11).**Maigret em Nova York** – Simenon
409(12).**O assassino sem rosto** – Simenon
410(13).**O mistério das jóias roubadas** – Simenon
411.**A irmãzinha** – Raymond Chandler
412.**Três contos** – Gustave Flaubert
413.**De ratos e homens** – John Steinbeck
414.**Lazarilho de Tormes** – Anônimo do séc. XVI
415.**Triângulo das águas** – Caio Fernando Abreu
416.**100 receitas de carnes** – Sílvio Lancellotti
417.**Histórias de robôs:** vol. 1 – org. Isaac Asimov
418.**Histórias de robôs:** vol. 2 – org. Isaac Asimov
419.**Histórias de robôs:** vol. 3 – org. Isaac Asimov
420.**O país dos centauros** – Tabajara Ruas
421.**A república de Anita** – Tabajara Ruas
422.**A carga dos lanceiros** – Tabajara Ruas
423.**Um amigo de Kafka** – Isaac Singer
424.**As alegres matronas de Windsor** – Shakespeare
425.**Amor e exílio** – Isaac Bashevis Singer
426.**Use & abuse do seu signo** – Marília Fiorillo e Marylou Simonsen
427.**Pigmaleão** – Bernard Shaw
428.**As fenícias** – Eurípides
429.**Everest** – Thomaz Brandolin
430.**A arte de furtar** – Anônimo do séc. XVI
431.**Billy Bud** – Herman Melville
432.**A rosa separada** – Pablo Neruda
433.**Elegia** – Pablo Neruda
434.**A garota de Cassidy** – David Goodis
435.**Como fazer a guerra: máximas de Napoleão** – Balzac
436.**Poemas escolhidos** – Emily Dickinson
437.**Gracias por el fuego** – Mario Benedetti
438.**O sofá** – Crébillon Fils
439.**O "Martín Fierro"** – Jorge Luis Borges
440.**Trabalhos de amor perdidos** – W. Shakespeare
441.**O melhor de Hagar 3** – Dik Browne
442.**Os Maias (volume1)** – Eça de Queiroz
443.**Os Maias (volume2)** – Eça de Queiroz
444.**Anti-Justine** – Restif de La Bretonne
445.**Juventude** – Joseph Conrad
446.**Contos** – Eça de Queiroz
447.**Janela para a morte** – Raymond Chandler
448.**Um amor de Swann** – Marcel Proust
449.**À paz perpétua** – Immanuel Kant
450.**A conquista do México** – Hernan Cortez
451.**Defeitos escolhidos e 2000** – Pablo Neruda
452.**O casamento do céu e do inferno** – William Blake
453.**A primeira viagem ao redor do mundo** – Antonio Pigafetta
454(14).**Uma sombra na janela** – Simenon
455(15).**A noite da encruzilhada** – Simenon
456(16).**A velha senhora** – Simenon
457.**Sartre** – Annie Cohen-Solal
458.**Discurso do método** – René Descartes
459.**Garfield em grande forma (1)** – Jim Davis
460.**Garfield está de dieta** (2) – Jim Davis
461.**O livro das feras** – Patricia Highsmith
462.**Viajante solitário** – Jack Kerouac
463.**Auto da barca do inferno** – Gil Vicente
464.**O livro vermelho dos pensamentos de Millôr** – Millôr Fernandes
465.**O livro dos abraços** – Eduardo Galeano
466.**Voltaremos!** – José Antonio Pinheiro Machado
467.**Rango** – Edgar Vasques
468(8).**Dieta mediterrânea** – Dr. Fernando Lucchese e José Antonio Pinheiro Machado
469.**Radicci 5** – Iotti
470.**Pequenos pássaros** – Anaïs Nin
471.**Guia prático do Português correto – vol.3** – Cláudio Moreno
472.**Atire no pianista** – David Goodis
473.**Antologia Poética** – García Lorca
474.**Alexandre e César** – Plutarco
475.**Uma espiã na casa do amor** – Anaïs Nin
476.**A gorda do Tiki Bar** – Dalton Trevisan
477.**Garfield um gato de peso (3)** – Jim Davis
478.**Canibais** – David Coimbra
479.**A arte de escrever** – Arthur Schopenhauer
480.**Pinóquio** – Carlo Collodi
481.**Misto-quente** – Charles Bukowski
482.**A lua na sarjeta** – David Goodis
483.**O melhor do Recruta Zero (1)** – Mort Walker
484.**Aline: TPM – tensão pré-monstrual (2)** – Adão Iturrusgarai
485.**Sermões do Padre Antonio Vieira**
486.**Garfield numa boa (4)** – Jim Davis
487.**Mensagem** – Fernando Pessoa
488.**Vendeta** *seguido de* **A paz conjugal** – Balzac
489.**Poemas de Alberto Caeiro** – Fernando Pessoa

490.**Ferragus** – Honoré de Balzac
491.**A duquesa de Langeais** – Honoré de Balzac
492.**A menina dos olhos de ouro** – Honoré de Balzac
493.**O lírio do vale** – Honoré de Balzac
494(17).**A barcaça da morte** – Simenon
495(18).**As testemunhas rebeldes** – Simenon
496(19).**Um engano de Maigret** – Simenon
497(1).**A noite das bruxas** – Agatha Christie
498(2).**Um passe de mágica** – Agatha Christie
499(3).**Nêmesis** – Agatha Christie
500.**Esboço para uma teoria das emoções** – Sartre
501.**Renda básica de cidadania** – Eduardo Suplicy
502(1).**Pílulas para viver melhor** – Dr. Lucchese
503(2).**Pílulas para prolongar a juventude** – Dr. Lucchese
504(3).**Desembarcando o diabetes** – Dr. Lucchese
505(4).**Desembarcando o sedentarismo** – Dr. Fernando Lucchese e Cláudio Castro
506(5).**Desembarcando a hipertensão** – Dr. Lucchese
507(6).**Desembarcando o colesterol** – Dr. Fernando Lucchese e Fernanda Lucchese
508.**Estudos de mulher** – Balzac
509.**O terceiro tira** – Flann O'Brien
510.**100 receitas de aves e ovos** – J. A. P. Machado
511.**Garfield em toneladas de diversão** (5) – Jim Davis
512.**Trem-bala** – Martha Medeiros
513.**Os cães ladram** – Truman Capote
514.**O Kama Sutra de Vatsyayana**
515.**O crime do Padre Amaro** – Eça de Queiroz
516.**Odes de Ricardo Reis** – Fernando Pessoa
517.**O inverno da nossa desesperança** – Steinbeck
518.**Piratas do Tietê (1)** – Laerte
519.**Rê Bordosa: do começo ao fim** – Angeli
520.**O Harlem é escuro** – Chester Himes
521.**Café-da-manhã dos campeões** – Kurt Vonnegut
522.**Eugénie Grandet** – Balzac
523.**O último magnata** – F. Scott Fitzgerald
524.**Carol** – Patricia Highsmith
525.**100 receitas de patisseria** – Sílvio Lancellotti
526.**O fator humano** – Graham Greene
527.**Tristessa** – Jack Kerouac
528.**O diamante do tamanho do Ritz** – S. Fitzgerald
529.**As melhores histórias de Sherlock Holmes** – Arthur Conan Doyle
530.**Cartas a um jovem poeta** – Rilke
531(20).**Memórias de Maigret** – Simenon
532(4).**O misterioso sr. Quin** – Agatha Christie
533.**Os analectos** – Confúcio
534(21).**Maigret e os homens de bem** – Simenon
535(22).**O medo de Maigret** – Simenon
536.**Ascensão e queda de César Birotteau** – Balzac
537.**Sexta-feira negra** – David Goodis
538.**Ora bolas – O humor de Mario Quintana** – Juarez Fonseca
539.**Longe daqui aqui mesmo** – Antonio Bivar
540(5).**É fácil matar** – Agatha Christie
541.**O pai Goriot** – Balzac
542.**Brasil, um país do futuro** – Stefan Zweig
543.**O processo** – Kafka
544.**O melhor de Hagar 4** – Dik Browne
545(6).**Por que não pediram a Evans?** – Agatha Christie
546.**Fanny Hill** – John Cleland
547.**O gato por dentro** – William S. Burroughs
548.**Sobre a brevidade da vida** – Sêneca
549.**Geraldão (1)** – Glauco
550.**Piratas do Tietê (2)** – Laerte
551.**Pagando o pato** – Ciça
552.**Garfield de bom humor (6)** – Jim Davis
553.**Conhece o Mário?** vol.1 – Santiago
554.**Radicci 6** – Iotti
555.**Os subterrâneos** – Jack Kerouac
556(1).**Balzac** – François Taillandier
557(2).**Modigliani** – Christian Parisot
558(3).**Kafka** – Gérard-Georges Lemaire
559(4).**Júlio César** – Joël Schmidt
560.**Receitas da família** – J. A. Pinheiro Machado
561.**Boas maneiras à mesa** – Celia Ribeiro
562(9).**Filhos sadios, pais felizes** – R. Pagnoncelli
563(10).**Fatos & mitos** – Dr. Fernando Lucchese
564.**Ménage à trois** – Paula Taitelbaum
565.**Mulheres!** – David Coimbra
566.**Poemas de Álvaro de Campos** – Fernando Pessoa
567.**Medo e outras histórias** – Stefan Zweig
568.**Snoopy e sua turma (1)** – Schulz
569.**Piadas para sempre (1)** – Visconde da Casa Verde
570.**O alvo móvel** – Ross Macdonald
571.**O melhor do Recruta Zero (2)** – Mort Walker
572.**Um sonho americano** – Norman Mailer
573.**Os broncos também amam** – Angeli
574.**Crônica de um amor louco** – Bukowski
575(5).**Freud** – René Major e Chantal Talagrand
576(6).**Picasso** – Gilles Plazy
577(7).**Gandhi** – Christine Jordis
578.**A tumba** – H. P. Lovecraft
579.**O príncipe e o mendigo** – Mark Twain
580.**Garfield, um charme de gato (7)** – Jim Davis
581.**Ilusões perdidas** – Balzac
582.**Esplendores e misérias das cortesãs** – Balzac
583.**Walter Ego** – Angeli
584.**Striptiras (1)** – Laerte
585.**Fagundes: um puxa-saco de mão cheia** – Laerte
586.**Depois do último trem** – Josué Guimarães
587.**Ricardo III** – Shakespeare
588.**Dona Anja** – Josué Guimarães
589.**24 horas na vida de uma mulher** – Stefan Zweig
590.**O terceiro homem** – Graham Greene
591.**Mulher no escuro** – Dashiell Hammett
592.**No que acredito** – Bertrand Russell
593.**Odisséia (1): Telemaquia** – Homero
594.**O cavalo cego** – Josué Guimarães
595.**Henrique V** – Shakespeare
596.**Fabulário geral do delírio cotidiano** – Bukowski
597.**Tiros na noite 1: A mulher do bandido** – Dashiell Hammett
598.**Snoopy em Feliz Dia dos Namorados! (2)** – Schulz
599.**Mas não se matam cavalos?** – Horace McCoy
600.**Crime e castigo** – Dostoiévski
601(7).**Mistério no Caribe** – Agatha Christie
602.**Odisséia (2): Regresso** – Homero
603.**Piadas para sempre (2)** – Visconde da Casa Verde
604.**À sombra do vulcão** – Malcolm Lowry
605(8).**Kerouac** – Yves Buin
606.**E agora são cinzas** – Angeli
607.**As mil e uma noites** – Paulo Caruso
608.**Um assassino entre nós** – Ruth Rendell
609.**Crack-up** – F. Scott Fitzgerald

610.**Do amor** – Stendhal
611.**Cartas do Yage** – William Burroughs e Allen Ginsberg
612.**Striptiras (2)** – Laerte
613.**Henry & June** – Anaïs Nin
614.**A piscina mortal** – Ross Macdonald
615.**Geraldão (2)** – Glauco
616.**Tempo de delicadeza** – A. R. de Sant'Anna
617.**Tiros na noite 2: Medo de tiro** – Dashiell Hammett
618.**Snoopy em Assim é a vida, Charlie Brown! (3)** – Schulz
619.**1954 – Um tiro no coração** – Hélio Silva
620.**Sobre a inspiração poética (Íon)** e ... – Platão
621.**Garfield e seus amigos (8)** – Jim Davis
622.**Odisséia (3): Ítaca** – Homero
623.**A louca matança** – Chester Himes
624.**Factótum** – Charles Bukowski
625.**Guerra e Paz: volume 1** – Tolstói
626.**Guerra e Paz: volume 2** – Tolstói
627.**Guerra e Paz: volume 3** – Tolstói
628.**Guerra e Paz: volume 4** – Tolstói
629(9).**Shakespeare** – Claude Mourthé
630.**Bem está o que bem acaba** – Shakespeare
631.**O contrato social** – Rousseau
632.**Geração Beat** – Jack Kerouac
633.**Snoopy: É Natal! (4)** – Charles Schulz
634(8).**Testemunha da acusação** – Agatha Christie
635.**Um elefante no caos** – Millôr Fernandes
636.**Guia de leitura (100 autores que você precisa ler)** – Organização de Léa Masina
637.**Pistoleiros também mandam flores** – David Coimbra
638.**O prazer das palavras** – vol. 1 – Cláudio Moreno
639.**O prazer das palavras** – vol. 2 – Cláudio Moreno
640.**Novíssimo testamento: com Deus e o diabo, a dupla da criação** – Iotti
641.**Literatura Brasileira: modos de usar** – Luís Augusto Fischer
642.**Dicionário de Porto-Alegrês** – Luís A. Fischer
643.**Clô Dias & Noites** – Sérgio Jockymann
644.**Memorial de Isla Negra** – Pablo Neruda
645.**Um homem extraordinário e outras histórias** – Tchékhov
646.**Ana sem terra** – Alcy Cheuiche
647.**Adultérios** – Woody Allen
648.**Para sempre ou nunca mais** – R. Chandler
649.**Nosso homem em Havana** – Graham Greene
650.**Dicionário Caldas Aulete de Bolso**
651.**Snoopy: Posso fazer uma pergunta, professora? (5)** – Charles Schulz
652(10).**Luís XVI** – Bernard Vincent
653.**O mercador de Veneza** – Shakespeare
654.**Cancioneiro** – Fernando Pessoa
655.**Non-Stop** – Martha Medeiros
656.**Carpinteiros, levantem bem alto a cumeeira & Seymour, uma apresentação** – J.D.Salinger
657.**Ensaios céticos** – Bertrand Russell
658.**O melhor de Hagar 5** – Dik e Chris Browne
659.**Primeiro amor** – Ivan Turguêniev
660.**A trégua** – Mario Benedetti
661.**Um parque de diversões da cabeça** – Lawrence Ferlinghetti
662.**Aprendendo a viver** – Sêneca
663.**Garfield, um gato em apuros (9)** – Jim Davis
664.**Dilbert 1** – Scott Adams
665.**Dicionário de dificuldades** – Domingos Paschoal Cegalla
666.**A imaginação** – Jean-Paul Sartre
667.**O ladrão e os cães** – Naguib Mahfuz
668.**Gramática do português contemporâneo** – Celso Cunha
669.**A volta do parafuso** *seguido de* **Daisy Miller** – Henry James
670.**Notas do subsolo** – Dostoiévski
671.**Abobrinhas da Brasilônia** – Glauco
672.**Geraldão (3)** – Glauco
673.**Piadas para sempre (3)** – Visconde da Casa Verde
674.**Duas viagens ao Brasil** – Hans Staden
675.**Bandeira de bolso** – Manuel Bandeira
676.**A arte da guerra** – Maquiavel
677.**Além do bem e do mal** – Nietzsche
678.**O coronel Chabert** *seguido de* **A mulher abandonada** – Balzac
679.**O sorriso de marfim** – Ross Macdonald
680.**100 receitas de pescados** – Sílvio Lancellotti
681.**O juiz e seu carrasco** – Friedrich Dürrenmatt
682.**Noites brancas** – Dostoiévski
683.**Quadras ao gosto popular** – Fernando Pessoa
684.**Romanceiro da Inconfidência** – Cecília Meireles
685.**Kaos** – Millôr Fernandes
686.**A pele de onagro** – Balzac
687.**As ligações perigosas** – Choderlos de Laclos
688.**Dicionário de matemática** – Luiz Fernandes Cardoso
689.**Os Lusíadas** – Luís Vaz de Camões
690(11).**Átila** – Éric Deschodt
691.**Um jeito tranqüilo de matar** – Chester Himes
692.**A felicidade conjugal** *seguido de* **O diabo** – Tolstói
693.**Viagem de um naturalista ao redor do mundo** – vol. 1 – Charles Darwin
694.**Viagem de um naturalista ao redor do mundo** – vol. 2 – Charles Darwin
695.**Memórias da casa dos mortos** – Dostoiévski
696.**A Celestina** – Fernando de Rojas
697.**Snoopy: Como você é azarado, Charlie Brown! (6)** – Charles Schulz
698.**Dez (quase) amores** – Claudia Tajes
699(9).**Poirot sempre espera** – Agatha Christie
700.**Cecília de bolso** – Cecília Meireles
701.**Apologia de Sócrates** *precedido de* **Êutifron e** *seguido de* **Críton** – Platão
702.**Wood & Stock** – Angeli
703.**Striptiras (3)** – Laerte
704.**Discurso sobre a origem e os fundamentos da desigualdade entre os homens** – Rousseau
705.**Os duelistas** – Joseph Conrad
706.**Dilbert (2)** – Scott Adams
707.**Viver e escrever** (vol. 1) – Edla van Steen
708.**Viver e escrever** (vol. 2) – Edla van Steen
709.**Viver e escrever** (vol. 3) – Edla van Steen
710(10).**A teia da aranha** – Agatha Christie
711.**O banquete** – Platão
712.**Os belos e malditos** – F. Scott Fitzgerald
713.**Libelo contra a arte moderna** – Salvador Dalí

714.**Akropolis** – Valerio Massimo Manfredi
715.**Devoradores de mortos** – Michael Crichton
716.**Sob o sol da Toscana** – Frances Mayes
717.**Batom na cueca** – Nani
718.**Vida dura** – Claudia Tajes
719.**Carne trêmula** – Ruth Rendell
720.**Cris, a fera** – David Coimbra
721.**O anticristo** – Nietzsche
722.**Como um romance** – Daniel Pennac
723.**Emboscada no Forte Bragg** – Tom Wolfe
724.**Assédio sexual** – Michael Crichton
725.**O espírito do Zen** – Alan W.Watts
726.**Um bonde chamado desejo** – Tennessee Williams
727.**Como gostais** *seguido de* **Conto de inverno** – Shakespeare
728.**Tratado sobre a tolerância** – Voltaire
729.**Snoopy: Doces ou travessuras? (7)** – Charles Schulz
730.**Cardápios do Anonymus Gourmet** – J.A. Pinheiro Machado
731.**100 receitas com lata** – J.A. Pinheiro Machado
732.**Conhece o Mário?** vol.2 – Santiago
733.**Dilbert (3)** – Scott Adams
734.**História de um louco amor** *seguido de* **Passado amor** – Horacio Quiroga
735(11).**Sexo: muito prazer** – Laura Meyer da Silva
736(12).**Para entender o adolescente** – Dr. Ronald Pagnoncelli
737(13).**Desembarcando a tristeza** – Dr. Fernando Lucchese
738.**Poirot e o mistério da arca espanhola & outras histórias** – Agatha Christie
739.**A última legião** – Valerio Massimo Manfredi
740.**As virgens suicidas** – Jeffrey Eugenides
741.**Sol nascente** – Michael Crichton
742.**Duzentos ladrões** – Dalton Trevisan
743.**Os devaneios do caminhante solitário** – Rousseau
744.**Garfield, o rei da preguiça (10)** – Jim Davis
745.**Os magnatas** – Charles R. Morris
746.**Pulp** – Charles Bukowski
747.**Enquanto agonizo** – William Faulkner
748.**Aline: viciada em sexo (3)** – Adão Iturrusgarai
749.**A dama do cachorrinho** – Anton Tchékhov
750.**Tito Andrônico** – Shakespeare
751.**Antologia poética** – Anna Akhmátova
752.**O melhor de Hagar 6** – Dik e Chris Browne
753(12).**Michelangelo** – Nadine Sautel
754.**Dilbert (4)** – Scott Adams
755.**O jardim das cerejeiras** *seguido de* **Tio Vânia** – Tchékhov
756.**Geração Beat** – Claudio Willer
757.**Santos Dumont** – Alcy Cheuiche
758.**Budismo** – Claude B. Levenson
759.**Cleópatra** – Christian-Georges Schwentzel
760. **Revolução Francesa** – Frédéric Bluche, Stéphane Rials e Jean Tulard
761.**A crise de 1929** – Bernard Gazier
762.**Sigmund Freud** – Edson Sousa e Paulo Endo
763.**Império Romano** – Patrick Le Roux
764.**Cruzadas** – Cécile Morrisson
765.**O mistério do Trem Azul** – Agatha Christie
766.**Os escrúpulos de Maigret** – Simenon
767.**Maigret se diverte** – Simenon
768.**Senso comum** – Thomas Paine
769.**O parque dos dinossauros** – Michael Crichton
770.**Trilogia da paixão** – Goethe
771.**A simples arte de matar** (vol.1) – R. Chandler
772.**A simples arte de matar** (vol.2) – R. Chandler
773.**Snoopy: No mundo da lua! (8)** – Charles Schulz
774.**Os Quatro Grandes** – Agatha Christie
775.**Um brinde de cianureto** – Agatha Christie
776.**Súplicas atendidas** – Truman Capote
777.**Ainda restam aveleiras** – Simenon
778.**Maigret e o ladrão preguiçoso** – Simenon
779.**A viúva imortal** – Millôr Fernandes
780.**Cabala** – Roland Goetschel
781.**Capitalismo** – Claude Jessua
782.**Mitologia grega** – Pierre Grimal
783.**Economia: 100 palavras-chave** – Jean-Paul Betbèze
784.**Marxismo** – Henri Lefebvre
785.**Punição para a inocência** – Agatha Christie
786.**A extravagância do morto** – Agatha Christie
787(13).**Cézanne** – Bernard Fauconnier
788.**A identidade Bourne** – Robert Ludlum
789.**Da tranquilidade da alma** – Sêneca
790.**Um artista da fome** *seguido de* **Na colônia penal e outras histórias** – Kafka
791.**Histórias de fantasmas** – Charles Dickens
792.**A louca de Maigret** – Simenon
793.**O amigo de infância de Maigret** – Simenon
794.**O revólver de Maigret** – Simenon
795.**A fuga do sr. Monde** – Simenon
796.**O Uraguai** – Basílio da Gama
797.**A mão misteriosa** – Agatha Christie
798.**Testemunha ocular do crime** – Agatha Christie
799.**Crepúsculo dos ídolos** – Friedrich Nietzsche
800.**Maigret e o negociante de vinhos** – Simemon
801.**Maigret e o mendigo** – Simenon
802.**O grande golpe** – Dashiell Hammett
803.**Humor barra pesada** – Nani
804.**Vinho** – Jean-François Gautier
805.**Egito Antigo** – Sophie Desplancques
806(14).**Baudelaire** – Jean-Baptiste Baronian
807.**Caminho da sabedoria, caminho da paz** – Dalai Lama e Felizitas von Schönborn
808.**Senhor e servo e outras histórias** – Tolstói
809.**Os cadernos de Malte Laurids Brigge** – Rilke
810.**Dilbert (5)** – Scott Adams
811.**Big Sur** – Jack Kerouac
812.**Seguindo a correnteza** – Agatha Christie
813.**O álibi** – Sandra Brown
814.**Montanha-russa** – Martha Medeiros

SÉRIE **L&PM** POCKET **PLUS**

24 horas na vida de uma mulher – Stefan Zweig
Alves & Cia. – Eça de Queiroz
À paz perpétua – Immanuel Kant
As melhores histórias de Sherlock Holmes – Arthur Conan Doyle
Bartleby, o escriturário – Herman Melville
Cartas a um jovem poeta – Rainer Maria Rilke
Cartas portuguesas – Mariana Alcoforado
Cartas do Yage – William Burroughs e Allen Ginsberg
Continhos galantes – Dalton Trevisan
Dr. Negro e outras histórias de terror – Arthur Conan Doyle
Esboço para uma teoria das emoções – Jean-Paul Sartre
Juventude – Joseph Conrad
Libelo contra a arte moderna – Salvador Dalí
Liberdade, liberdade – Millôr Fernandes e Flávio Rangel
Mulher no escuro – Dashiell Hammett
No que acredito – Bertrand Russell
Noites brancas – Fiódor Dostoiévski
O casamento do céu e do inferno – William Blake
O coronel Chabert seguido de *A mulher abandonada* – Balzac
O diamante do tamanho do Ritz – F. Scott Fitzgerald
O gato por dentro – William S. Burroughs
O juiz e seu carrasco – Friedrich Dürrenmatt
O teatro do bem e do mal – Eduardo Galeano
O terceiro homem – Graham Greene
Poemas escolhidos – Emily Dickinson
Primeiro amor – Ivan Turguêniev
Sobre a brevidade da vida – Sêneca
Sobre a inspiração poética & Sobre a mentira – Platão
Sonetos para amar o amor – Luís Vaz de Camões
Trabalhos de amor perdidos – William Shakespeare
Tristessa – Jack Kerouac
Uma temporada no inferno – Arthur Rimbaud
Vathek – William Beckford

IMPRESSÃO:

GRÁFICA EDITORA
Pallotti
IMAGEM DE QUALIDADE

Santa Maria - RS - Fone/Fax: (55) 3220.4500
www.pallotti.com.br